Torsten Töpler

Die Ausgezeichnete

Biographische Spurensuche um Frida Hockauf

FORUM VERLAG LEIPZIG

Torsten Töpler
Die Ausgezeichnete: Biographische Spurensuche um Frida Hockauf
Leipzig: FORUM VERLAG LEIPZIG 2007
ISBN 978-3-931801-23-6
1.Auflage 2007
Satz/Gestaltung: Bittner Dokumedia, Wöllstadt
Umschlag: S. Günther, Leipzig
Printed in EU - Gemi s.r.o., Prag
www.forumverlagleipzig.de

Inhalt

Die Aktivisten 7

Die Spurensuche 33

Ein Interview 95

Danksagung 100
Der Autor
Bildnachweis

Die Aktivisten

Der Kollege Wender von der Baufirma Kurnitzki in Schwerin stellte eine rhetorische Frage: „Wie sieht es mit der Arbeitsmoral aus?" Die Versammlung blickte nicht auf. „Mit der Arbeiterkarte, die für die meisten Bauarbeiter ausgegeben wird, kommt doch niemand aus. Man muß sich ja etwas dazu besorgen, um nicht verhungern zu müssen. Wenn zu mir die Belegschaftsmitglieder kommen und wollen einen Tag frei haben, um sich Lebensmittel zusätzlich zu besorgen oder andere Dinge zu erledigen, dann gebe ich ihnen ohne weiteres frei, ich selbst tue es ja auch." Kollege Wender rechtfertigte sich auf einer der vielen Aussprachen in jenem üblen Winter 1947/48, als die Minusgrade ins Bodenlose fielen. Er tat sich schwer mit dem Geben und Nehmen neuen Typs. Die „antifaschistisch-demokratische Umwälzung" war noch nicht weit fortgeschritten. Oder doch? „Alles auf die Räder!" war die Parole der über 70 000 russischen „Demonteure", die im Frühsommer 1945 die Sowjetische Besatzungszone heimgesucht hatten. Mitarbeiter aus Moskauer Ministerien, Behörden, der Akademie der Wissenschaften und großen Betrieben, vorübergehend ausgestattet mit Offiziersrängen, räumten deutsche Unternehmen aus und ab. Maschinen, Rohstoffe, Produkte, Konsumgüter – „so viel Tonnage wie möglich" – gingen dahin, wo es im Großen Vaterländischen Krieg gegen die einmarschierenden Deutschen in den Werken geheißen hatte „Alles für die Front! Alles für den Sieg!" und wo seit einem Vierteljahrhundert ein Gesellschaftsentwurf seinen Weg in die Wirklichkeit suchte.

Das Potsdamer Abkommen, gewissermaßen die Gründungsurkunde der deutschen Teilung, hatte den Zugriff auf das halbe Deutschland möglich gemacht: „Die Reparationsforderungen der UdSSR sollen durch Entnahmen aus der von der UdSSR besetzten Zone Deutschlands und durch entsprechende deutsche Auslandsinvestitionen befriedigt werden. Die UdSSR wird die Reparationsanforderungen Polens aus ihrem Anteil an den Reparationen befriedigen .." Im Frühjahr 1946 waren allein im vormaligen Industriezentrum Sachsen über 170 000 Menschen mit Demontagearbeiten beschäftigt, über 40 Prozent der Kapazitäten wurden abgebaut, mehr als durch Kriegsschäden verloren gegangen waren.

„Die erste Aufgabe der deutschen Verwaltung ist die pünktliche und genaue Erfüllung aller Befehle", ließ die Sowjetische Militäradministration in Deutschland (SMAD) nach ihrer Konstituierung unter Marschall Schukow im Juni 1945 verlauten.

„Vorbildliche Erfüllung der Forderungen der Roten Armee" hatte sich die Exil-KPD in Moskau vor ihrer Heimkehr vorgenommen. Eine hierarchische Ordnung von Dauer.
Spätestens, nachdem die SMAD 200 Großbetriebe mit Befehl Nr. 167 vom 5. Juni 1946 in das Eigentum der UdSSR mit der Rechtsform SAG (Sowjetische Aktiengesellschaft) überführt hatte, gewann zwischen Oder und Elbe das Gestalt, was Lenin als die „in gigantischem, gesamtstaatlichen Maßstab, in gewissem Grade auch im Weltmaßstab, planmäßig organisierte Arbeit" genannt hatte und was SED-Chronisten in den 1970er Jahren so erklären sollten: „Die Sowjetarmee zerschlug die entscheidenden Bestandteile des imperialistischen Machtapparates und nahm damit der deutschen Arbeiterklasse praktisch einen Teil der kompliziertesten und schwersten Aufgabe ab, die diese im Kampf um die Vormacht zu lösen hatte."
Befehl Nr. 138 vom 4. Juni 1947 bahnte „die neue Form der Wirtschaftsleitung" an. Die Deutsche Wirtschaftskommission (DWK) zur Koordinierung der Zentralverwaltungen für Industrie, Transportwesen, Brennstoffe und Energie, Landwirtschaft, Handel und Versorgung wurde gegründet. Die Abteilung für Wirtschaftsfragen war angelegt, um ein strategisches Ziel durchzusetzen: den Plan. Für Abteilungsleiter Bruno Leuschner blieb dies eine nahezu lebenslange Aufgabe.
Die Widerstände waren heftig und kamen von allen Seiten. „Immer wieder" versuchten Zentralverwaltungen, „sich von der Deutschen Wirtschaftskommission zu isolieren, um eigene Wege zu gehen", klagte Leuschner im Oktober 1947. „Oftmals werden die von der Wirtschaftskommission gefassten Beschlüsse nur mit Hilfe energischen Eingreifens der Abteilung für Wirtschaftsfragen von den Zentralverwaltungen durchgeführt. Die Herausgabe von Unterlagen an die Abteilung für Wirtschaftsfragen ist fast immer mit Komplikationen verbunden." Das Thüringer Wirtschaftsministerium sträubte sich gegen die vorbehaltlose Begleitung der laufenden Enteignung: „Von den Beschlüssen ... führen wir das durch, was wir für ratsam und richtig halten."
Mit Befehl Nr. 76 vom April 1948 schließlich entzog die SMAD die 1631 größten von inzwischen 6763 volkseigenen Betrieben der Verfügungsgewalt der Länder. Kohle, Energie, Metallurgie, Chemie, Steine und Erden, Maschinenbau und Elektrotechnik unterstanden fortan der DWK-Hauptverwaltung, die alsbald das Gewebe der Planbürokratie über alles breitete.

Die Resistenz der herkömmlichen Bürokratien war belanglos gegenüber dem beispiellosen Problem, das es zu bewältigen galt: eine Revolution ohne Massen. „Die deutschen Kommunisten und Antifaschisten konnten sich nicht in ihrem Kampf gegen die faschistische Diktatur auf eine breite Volksbewegung stützen. Das hatte zur Folge, daß eine wichtige objektive Bedingung einer revolutionären Umwälzung, die bedeutende Aktivität der Massen, anfangs nur in Ansätzen vorhanden war." Was sozialistische Historiker als Mangel an Substanz zu konstatieren hatten, nahm sich im Alltag der Nachkriegsjahre als ideologiefreie Überlebensfrage aus: Hamsterfahrten in die Dörfer, auf Rüben- und Kartoffelfelder, Diebstähle, Kompensationsgeschäfte, Schwarzmarkt. Keine Zeit für „befreite Arbeit", die da fehlte, wo Waren produziert werden sollten. Aber für wen, fragten sich die Werktätigen in beschädigten Fabrikhallen, zwischen überalterten Maschinen, angesichts des Rohstoffmangels, der schmalen Lohntüte und der sowjetischen Reparationsansprüche auf laufende Produktion . Von 1946 auf 1947 fiel die Leistung der Industrieproduktion in Sachsen auf 40 Prozent ab. Der „antifaschistisch-demokratischen Umwälzung", gegen die sich privat gebliebene Unternehmen des produzierenden Gewerbes und des Handels etwa mit Lieferverzögerungen zur Wehr setzten, drohte die „Deklassierung der Arbeiterklasse".
Ein Teufelskreis, ein „circulus vitiosus", fürchtete die aus KPD und Sozialdemokratie zwangsverschmolzene Sozialistische Einheitspartei Deutschlands und mit ihr die Einheitsgewerkschaft FDGB. Gewerkschaft und Partei repetierten Lenin, der diese Zwangsläufigkeit aus russischer Revolutionserfahrung kannte: „Wir alle kennen die Hauptursache für das Sinken der Arbeitsproduktivität ... Der Hunger – das ist die Ursache. Um aber den Hunger zu beseitigen, ist eine Erhöhung der Arbeitsproduktivität notwendig. Es ergibt sich eine Art circulus vitiosus: Um die Arbeitsproduktivität zu heben, muss man sich vor dem Hunger retten, und um sich vor dem Hunger zu retten, muß man die Arbeitsproduktivitätz heben. Bekanntlich werden derartige Widersprüche in der Praxis dadurch gelöst, daß dieser circulus vitiosus durchbrochen wird, dank einem Umschwung in der Stimmung der Massen, dank der heroischen Initiative einzelner Gruppen, die im Rahmen eines solchen Umschwungs nicht selten eine entscheidende Rolle spielt.." Kurz gefasst: „Wer nicht arbeitet, der soll auch nicht essen: Das ist das praktische Gebot des Sozialismus."

Es gab Aussprachen der SMAD mit den Leitungen der Blockparteien und Massenorganisationen, „zentrale Arbeitsbesprechungen" mit den Ministerpräsidenten der fünf Länder, zwischen der Militäradministration und Landesregierungen. Ein Resultat: Die UdSSR setzte Reparationen aus der laufenden Produktion herab, nahm das Demontagetempo zurück, schaffte die Lebensmittelkarte mit dem niedrigsten Niveau ab, ließ Tarifverträge für schwere Arbeit zu, Prämien für Sparmaßnahmen inklusive.

Die Wandlung der Gewerkschaften von der Interessenvertretung der Arbeiter gegenüber den Unternehmern zum „Helfer für die politische Agitation und revolutionäre Organisation" und schließlich zur einheitlichen Organisation der Werktätigen nach Lenins Entwurf hatte sich zu beschleunigen. Der FDGB beschloss im Juli 1947: „Angesichts der Bedeutung der landeseigenen Betriebe für die gesamte demokratische Wirtschaft und in Durchführung der Beschlüsse des 2. FDGB-Kongresses, diese Betriebe zu Musterbetrieben in den Fragen der Produktion und der Arbeitsbedingungen zu entwickeln, empfiehlt der Bundesvorstand den FDGB-Landesvorständen, demnächst Betriebsrätekonferenzen der landeseigenen Betriebe im Landesmaßstab durchzuführen." Ziel der knapp 2500 Konferenzen von Juli bis Anfang Oktober 1947, stets im Beisein von SMA, Landesregierungen und Parteien, war die organisatorische Durchdringung der Betriebe. Während seit März die Kampagne „Erst mehr arbeiten, dann mehr essen" lief, appellierte der FDGB: „Wir müssen den Mut haben, in den Betrieben des Volkes Wettbewerbe zu organisieren ... Wir müssen den Mut haben, solche Kollegen, die sich würdig hervortun, besonders zu belohnen, ihnen unsere Anerkennung geben ... Wir wollen diejenigen als Helden ansehen, die als Arbeiter alles tun, um ihren Betrieb wieder hochzubringen, mit ganzer Hingabe." Gleichfalls im Juli setzte die SMAD zwölf Kommissionen mit SED-Beteiligung ein, um Aussprachen in sächsischen Großbetrieben zu führen. Im August hatte die Deutsche Verwaltung für Arbeit und Sozialfürsorge die Arbeitsmoral in Betrieben mit mehr als 500 Beschäftigten in Sachsen und Mecklenburg zu untersuchen. Am 9. Oktober war es dann so weit. Die SMAD veröffentlichte den Befehl 234. Die ausführlichen Maßnahmen zur Steigerung von Arbeitsproduktivität und Eigeninitiative gegen materielle Leistungsanreize, markenfreies Mittagessen eingeschlossen, verknappte der Volksmund auf „Essensbefehl". Für die SED war der Befehl ein

Zentralverordnungsblatt

Herausgegeben namens aller Zentralverwaltungen
von der Deutschen Justizverwaltung der sowjetischen Besatzungszone in Deutschland

| 1948 | Berlin, den 15. Januar 1948 | Nr. 1 |

Inhaltsübersicht

Tag		Seite
	SMA in Deutschland	
9.10.47	Befehl Nr. 234 — Maßnahmen zur Steigerung der Arbeitsproduktivität und zur weiteren Verbesserung der materiellen Lage der Arbeiter und Angestellten in der Industrie und im Verkehrswesen	1
	Deutsche Verwaltung für Arbeit und Sozialfürsorge	
13.10.47	Verordnung über die Einführung einer Arbeitsordnung	6
13.10.47	Verordnung über Jugendarbeitsschutz in der sowjetischen Besatzungszone Deutschlands	10
29.10.47	Durchführungsverordnung zur Verordnung über die Einführung einer Arbeitsordnung	16
1.11.47	Verordnung betreffend eine Erhebung über Fluktuation, Arbeitsdisziplin und Leistung	14
	Deutsche Zentralverwaltung des Verkehrs	
30. 9.47	Bekanntmachung zur Deutschen Binnenschiffahrtpolizeiverordnung	16
	Zentralfinanzverwaltung	
7.11.47	1. Ergänzungsanordnung zur Preisanordnung Nr. 8 — Regelung der Preise für Düngekalk	16

SMA in Deutschland

Befehl Nr. 234
9. Oktober 1947 — Berlin

Maßnahmen zur Steigerung der Arbeitsproduktivität und zur weiteren Verbesserung der materiellen Lage der Arbeiter und Angestellten in der Industrie und im Verkehrswesen

Nach dem Zusammenbruch des volksfeindlichen Regimes, des aggressiven Hitlerdeutschlands, wurden in der sowjetischen Besatzungszone überaus wichtige Maßnahmen durchgeführt, um die gesetzmäßigen Rechte der Arbeiter und Angestellten z verankern. Der Achtstundenarbeitstag und gleicher Lohn für gleiche Arbeit wurden eingeführt. Der bezahlte Urlaub für Arbeiter und Angestellte wurde wiederhergestellt und verlängert. Das Recht der Werktätigen, sich in Gewerkschaften und anderen demokratischen Organisationen frei zu organisieren, wurde wiederhergestellt. Die im Interesse der Unternehmer eingeführten einseitigen faschistischen Tarifordnungen wurden abgeschafft. Es werden wieder Tarifverträge zwischen den Arbeitern und den Unternehmern abgeschlossen. Es bestehen demokratisch gewählte Betriebsräte, die ihre Funktionen ausüben. Das Mitbestimmungsrecht der Arbeiter und Angestellten bei der Lösung von Fragen, die mit der Arbeit des Betriebes im Zusammenhang stehen, sowie das Kontrollrecht sind gesichert. Eine einheitliche demokratische Sozialversicherung wurde eingeführt. Allein im abgelaufenen Jahr wurde für die Sozialversicherung und Sozialfürsorge der Werktätigen in der Zone über zwei Milliarden Mark ausgegeben.

In der sowjetischen Besatzungszone sind die Errungenschaften der deutschen Arbeiterbewegung auf dem Gebiete der Arbeitsgesetzgebung und der Rechte der Arbeiter und Angestellten nicht nur wiederhergestellt, sondern in einem Maße erweitert worden, wie es in der Geschichte Deutschlands noch nie der Fall war.

Gleichzeitig wurden die Banken, Betriebe der Konzerne, Truste und anderer Monopole sowie Betriebe ehemaliger aktiver Faschisten und Militaristen dem Volke übereignet. Eine große Arbeit zur Demokratisierung und Säuberung des Verwaltungsapparates von ehemaligen aktiven Faschisten, Militaristen und Kriegsverbrechern wurde geleistet. Die Schlüsselpositionen der Wirtschaft befinden sich jetzt in den Händen des Volkes.

Das alles war die Grundlage der Erfolge, die von den Werktätigen beim Wiederaufbau der Friedenswirtschaft erzielt wurden. Infolgedessen gibt es in der sowjetischen Besatzungszone keine Arbeitslosigkeit, es besteht im Gegenteil Mangel an Arbeitskräften.

Die weitere Wiederherstellung und Entwicklung der Industrie und des Verkehrswesens erfordert vor allem eine Erhöhung der Arbeitsproduktivität und eine Festigung der Arbeitsdisziplin. In vielen Werken und Fabriken, Gruben und Eisenbahnen befinden sich die Arbeitsdisziplin und die Arbeitsproduktivität noch auf einem niedrigen Niveau. Diese Lage steht nicht nur mit den schweren Folgen des aggressiven Hitlerkrieges im Zusammenhang. Sie ist auch eine Folge der ungenügenden Aufmerksamkeit einiger Verwaltungsorgane, Betriebsdirektoren und demokratischer Organisationen in bezug auf die restlose Ausnutzung aller Möglichkeiten für die Verbesserung der Lage der Arbeiter, welche die Hauptkraft der Demokratisierung und des wirtschaftlichen Aufschwunges in der sowjetischen Besatzungszone sowie für die Entwicklung der Wirtschaft darstellen. Es wäre falsch, anzunehmen, daß die neue Demokratie, bei der die Schlüsselpositionen der Wirtschaft sich in den Händen des Volkes befinden, eine Senkung der Arbeitsproduktivität und eine Verschlechterung der Arbeitsdisziplin im Vergleich zu der alten Ordnung bedeute. Im Gegenteil, die neue Demokratie bedeutet eine höhere Arbeitsproduktivität, die die Möglichkeit bietet, den Verfall zu überwinden und zu einem unvergleichlich höheren Niveau der materiellen Versorgung der Werktätigen zu gelangen.

Die Steigerung der Arbeitsproduktivität und die Entfaltung der bewußten eigenen Initiative der Werktätigen für den wirtschaftlichen Aufschwung der sowjetischen Besatzungszone stellt gegenwärtig das Hauptbindeglied in dem System der Volkswirtschaft und den Schlüssel zur Lösung aller anderen wirtschaftlichen Probleme dar.

Ich befehle:

1. den Länderregierungen und den deutschen Verwaltungsorganen, den Betriebs- und Fabrikleitern, den Direktoren der Gruben, der Eisenbahn und anderer Betriebe, ihrer Tätigkeit Maßnahmen zur Verbesserung der Arbeit der Produktionsbetriebe und des Transportwesens, zur Steigerung der Arbeitsproduktivität und zum Kampf gegen die Bummelanten sowie zur Verbesserung der Lebenslage der Arbeiter und Angestellten der Industrie und des Transportwesens zugrunde zu legen, wobei insbesondere alle lokalen Hilfsquellen und Möglichkeiten für diesen Zweck festzustellen und auszunutzen sind.

Ich rufe alle antifaschistischen Parteien, Gewerkschaften und Betriebsräte sowie alle anderen öffentlichen Organisationen und die demokratische Presse auf, die Verwaltungsorgane und Betriebsleitungen bei der Durchführung dieser überaus wichtigen Aufgaben zu unterstützen, damit ein allgemeiner Arbeitsaufschwung in der sowjetischen Zone zur Beschleunigung des Wiederaufbaus, zur Entwicklung der Friedenswirtschaft und zur Steigerung des Lebensstandards der Bevölkerung erreicht wird.

2. Die Verordnungen und Befehle des Hitlerregimes über die Betriebsordnungen, über Geldstrafen und andere Maßregelungen der Arbeiter sind aufzuheben, da sie die Würde der Arbeiter beleidigen. Die von der Deutschen Verwaltung für Arbeit und Sozialfürsorge sowie den Gewerkschaften ausgearbeiteten neuen Betriebsordnungen, welche eine normale Arbeitsordnung in den Betrieben gewährleisten und einen entschlossenen Kampf gegen Bummelanten und Desorganisatoren der Arbeit vorsehen, sind genehmigt und in allen Betrieben, Fabriken, Gruben und bei der Eisenbahn einzuführen.

3. Die leichtfertige Auffassung einiger Betriebsleiter in den Fragen des Arbeitsschutzes und der Unfallverhütung in den Betrieben ist als falsch und unzulässig zu betrachten. Alle Leiter in den Betrieben und bei der Eisenbahn sind zu verpflichten, bis zum 1. Dezember 1947 die Schutzvorrichtungen für die Maschinen, Werkbänke und Triebwerke sowie die Ventilation, die Verglasung, Beleuchtung und Heizung der Arbeitsstätten in Ordnung zu bringen und für die Verbesserung des Arbeitsschutzes Sorge zu tragen.

Die Durchführungskontrolle wird den Arbeitsschutzkommissionen der Arbeiter und Angestellten des Betriebes übertragen.

Für die jugendlichen Arbeiter ist eine verkürzte Arbeitswoche, und zwar für die Arbeiter im Alter bis zu 16 Jahren 42 Stunden und im Alter von 16 bis 18 Jahren 45 Stunden, festzusetzen sowie der bezahlte Urlaub zu verlängern und andere Maßnahmen sind zu ergreifen, die den Arbeitsschutz und die Ausbildung der Jugendlichen gewährleisten. Die von den Gewerkschaften, von der FDJ und von der Deutschen Verwaltung für Arbeit und Sozialfürsorge vorgelegte Verordnung über den Jugendarbeitsschutz wird genehmigt.

4. Die Anwendung von Stück- und Akkordlohn als Mittel zur Steigerung der Arbeitsproduktivität und zur Erhöhung des Lohnes für die Arbeiter ist zu erweitern, vor allem im Erzbergbau, in der Kohlen- und Metallindustrie, im Maschinenbau, in der elektrotechnischen Industrie und im Eisenbahntransportwesen. Bei der Berechnung der Akkordlöhne sind die in Tarifverträgen garantierten Mindestlöhne zugrunde zu legen.

5. Die Lohnsätze in der Textil- und Bekleidungsindustrie sind zu überprüfen und alle niedrigeren Sätze für Frauenarbeit entsprechend dem in der Zone festgelegten Grundsatz „gleicher Lohn für gleiche Arbeit" abzuschaffen.

6. Die Deutsche Verwaltung für Arbeit und Sozialfürsorge hat gemeinsam mit den Länderregierungen die Ausbildung qualifizierter Arbeiter aus den Reihen der Jugendlichen für die führenden Industriezweige durch Berufsschulen zu organisieren, wobei das Kontingent für die Aufnahme der Schüler im Jahre 1947/48 bis auf 225 000 Schüler zu erhöhen ist. Außerdem ist die Ausbildung und Qualifizierung der Arbeiter von Massenberufen durch kurzfristige Kurse in den Betrieben, im Bergbau und bei der Eisenbahn in großem Umfang durchzuführen.

7. Ab April 1948 ist folgender bezahlter Urlaub festzusetzen: Für Arbeiter mit schädlicher und schwerer Arbeit oder Arbeit bei hohen Temperaturen in Angleichung an die Urlaubszeit der Spezialisten, Ingenieure und Techniker: 18 bis 24 Arbeitstage. Für alle anderen Arbeiter in Angleichung an die bisherige Urlaubszeit der Angestellten: 12 Arbeitstage. Sind in einzelnen Betrieben in den neu abgeschlossenen Tarifverträgen günstigere Urlaubsbestimmungen vorgesehen, so sind diese Vertragsbestimmungen wirksam.

8. Die Länderregierungen und die deutschen Arbeitsämter haben Maßnahmen zu ergreifen, um die Betriebe und wichtige Bauplätze mit Arbeitskräften, hauptsächlich durch freiwillige Anwerbung, zu versorgen und die Fluktuation der Arbeitskräfte auszuschalten, damit die Anwendung der im Befehl Nr. 3 des Kontrollrats vorgesehenen Zwangsmobilisierung von Arbeitskräften weitestgehend eingeschränkt wird.

9. Zur Verbesserung der Ernährung von Arbeitern und Angestellten der Betriebe der führenden Industriezweige und des Transportwesens ist ab 1. November 1947 eine tägliche warme Mahlzeit über die auf die Hauptkarten erhaltenen Rationen hinaus einzuführen:

Für hochqualifizierte Arbeiter der führenden Berufe, für Arbeiter in körperlich schwerer und gesundheitsschädlicher Arbeit sowie für Ingenieure und Techniker nach den Normen für warmes Essen der ersten Gruppe, für die übrigen Arbeiter und Angestellten dieser Betriebe nach den Normen für warmes Essen zweiter Gruppe.

Im vierten Quartal 1947 ist die Freigabe von Lebensmitteln für zusätzliches warmes Essen zu erhöhen, um die Zahl der Arbeiter und Angestellten der Betriebe, die zusätzliches warmes Essen bekommen, in der sowjetischen Zone von 350 000 auf 1 000 000 zu vermehren.

Die Länderregierungen und der Präsident der Deutschen Verwaltung für Handel und Versorgung haben die Bereitstellung von Lebensmitteln guter Qualität für die zusätzliche warme Verpflegung entsprechend den festgesetzten Normen zu sichern sowie durch die Betriebsräte und Gewerkschaftsorganisationen in den Betrieben die Kontrolle über die zweckmäßige Ausgabe der Lebensmittel, für die Ausgabe und die Qualität der Essenzubereitung zu organisieren.

Es ist vorzusehen, daß Betriebe, die durch eigene Schuld ihren Produktionsplan systematisch nicht erfüllen und sich um eine Verbesserung ihrer Arbeit nicht bemühen, auf Vorschlag der Länderregierungen und nach Bestätigung durch die zuständigen Organe der SMV zeitweilig von der zusätzlichen warmen Verpflegung ausgeschlossen werden können.

10. Die Arbeiter und Angestellten der führenden Betriebe der Zone sollen bevorzugt mit Industriewaren versorgt werden, wobei die Qualitätsleistungen dieser Betriebe zu berücksichtigen sind.

Die Landesregierungen haben vom vierten Quartal 1947 ab aus den Fonds des Landesbedarfs Stoffe, Kleider, Schuhe und Kohle zum Verkauf auf Bezugscheine, die in den Betrieben ausgestellt werden, freizustellen. Die Betriebsräte und Gewerkschaftsorganisationen geben im Einvernehmen mit den Betriebsleitern die Bezugscheine für Industriewaren in erster Linie für gute Produktionsleistungen aus.

Die Deutsche Wirtschaftskommission hat Maßnahmen zur Steigerung der Erzeugung von Industriewaren, insbesondere durch die Heimindustrie und das Handwerk mit Hilfe der lokalen Rohstoffe und der Abfälle der Industriebetriebe, für die zusätzliche Versorgung der Arbeiter und Angestellten mit Kleidern, Schuhen und anderen Gebrauchsgegenständen auszuarbeiten und zur Bestätigung vorzulegen.

11. Zur Verbesserung der ärztlichen Betreuung der Arbeiter und Angestellten in den Betrieben der sowjetischen Zone:

a) sind die Länderregierungen zu verpflichten, im Laufe der nächsten zwei Jahre die Organisierung von Sanitätsstellen in allen Betrieben mit 200 bis 5000 Beschäftigten zu sichern. In den Betrieben mit über 5000 Beschäftigten sollen Betriebspolikliniken eingerichtet werden.

Die Bereitstellung von Räumen und die Ausgaben für den Unterhalt der betrieblichen Sanitätsstellen und Polikliniken sowie für die Beschaffung von Möbeln haben durch die Betriebe zu erfolgen; die Ausgaben für den Unterhalt des ärztlichen Personals, für die Beschaffung der medizinischen Einrichtung und Medikamente haben die Organe der Sozialversicherung zu bestreiten.

b) Die Lebensmittelversorgung der Ärzte der betrieblichen Sanitätsstellen und Polikliniken hat nach den höchsten Versorgungsnormen der Arbeiter in dem von ihnen betreuten Betrieb zu erfolgen.

c) Die Ausgabe von zusätzlicher warmer Verpflegung hat auch an das medizinische Personal der Sanitätsstellen und Polikliniken der Betriebe zu erfolgen, in denen diese Verpflegung eingeführt ist.

d) Eine unverzügliche Einführung einer für die ganze Zone einheitlichen, offiziellen ärztlichen Bescheinigung für den Fall der Arbeitsunfähigkeit sowie die Anwendung von Strafmaßnahmen gegen Ärzte, die solche Bescheinigungen bewußt an Personen, die sich vor Arbeit drücken, ohne einen ausreichenden medizinischen Grund ausstellen, sind vorzusehen. Die schuldigen Ärzte können das Recht verlieren, ihre private ärztliche Praxis auszuüben.

12. Die Betriebsleiter haben sich ständig mit den Fragen der Verbesserung der Wohn- und Lebensverhältnisse der Werktätigen zu beschäftigen, wobei der Versorgung der Arbeiterumsiedler besondere Aufmerksamkeit zu schenken ist.

Im vierten Quartal 1947 ist die Instandsetzung der Gemeinschaftswohnungen der Arbeiter und der Kinderstätten abzuschließen.

13. Der Stab der Sowjetischen Militärverwaltung in Deutschland wird beauftragt, in Übereinstimmung mit diesem Befehl folgende Dokumente zu überprüfen und zu bestätigen:

a) die von der Deutschen Verwaltung für Arbeit und Sozialfürsorge eingebrachte „Verordnung über die Ausbildung von Industriearbeitern in den Berufsschulen" und „Instruktion über die Regelung der Arbeitsbeschaffung und der Verteilung der Arbeitskräfte";

Zentralverordnungsblatt — Jahrgang 1948

b) die von der Deutschen Verwaltung für Arbeit und Sozialfürsorge sowie der Deutschen Verwaltung für das Gesundheitswesen eingebrachte „Verordnung über die Verbesserung der ärztlichen Betreuung der Versicherten und über Maßnahmen für die Regelung der Befreiung von der Arbeit in Krankheitsfällen".

14. Die Verantwortung für die Durchführung dieses Befehls ist den Länderregierungen, der Deutschen Verwaltung für Arbeit und Sozialfürsorge sowie der deutschen Wirtschaftskommission der Zone aufzuerlegen.

Die allgemeine Kontrolle über die Durchführung dieses Befehls obliegt den Chefs der Sowietischen Militärverwaltungen der Länder, der Planungsabteilung und der Abteilung für Arbeitskraft bei der SMV.

Der Oberste Chef
der Sowjetischen Militär-Administration
und Oberkommandierende der Sowjetischen
Besatzungstruppen in Deutschland
Marschall der Sowjetunion W. Sokolowski

Der Stabschef
der Sowjetischen Militär-Administration
in Deutschland
Generalleutnant G. Lukjantschenko

Anlage
zum Befehl Nr. 234
des Obersten Chefs der SMAD
vom 9. Oktober 1947

**Verordnung
über die Verbesserung der ärztlichen Betreuung
der Arbeiter und Angestellten und über Maßnahmen zur Regelung der Arbeitsbefreiung im
Krankheitsfalle**

I. Sanitätsstellen und Polikliniken in den Betrieben

§ 1

In Betrieben mit einer Beschäftigtenzahl von 200 bis 5000 Personen werden Sanitätsstellen geschaffen:
a) in Betrieben von 500 bis 2000 Beschäftigten mit einem nebenamtlichen Arzt,
b) in Betrieben von 2000 bis 3000 Beschäftigten mit einem hauptamtlichen Arzt,
c) in Betrieben von 3000 bis 5000 Beschäftigten mit zwei hauptamtlichen Ärzten.

In Betrieben mit mehr als 5000 Beschäftigten werden Betriebspolikliniken eingerichtet. Betriebe unter 5000 Arbeitnehmern können auf Antrag des Landesgewerbearztes und in Übereinstimmung mit dem Arbeitsschutzamt wegen der besonderen Gefährlichkeit der in dem Betriebe zu leistenden Arbeit von der Landesregierung angehalten werden, eine Betriebspoliklinik zu errichten.

In Betrieben von 200 bis 500 Beschäftigten wird medizinische Hilfe von Schwestern oder ausgebildeten Gesundheitshelfern geleistet.

§ 2

Die Sanitätsstellen und Polikliniken in den Betrieben führen durch:
a) Vorbeugungsmaßnahmen zum Schutze der Gesundheit der Beschäftigten,
b) Beteiligung an der Kontrolle über die Organisierung der Unfallverhütung,
c) erste Hilfeleistung bei Erkrankungen und Unglücksfällen,
d) die ambulatorische Behandlung von Kranken, sofern ein Arzt vorhanden ist, wobei die Rechte des Erkrankten auf freie Arztwahl gewahrt bleiben,
e) Arbeitsbefreiung der Beschäftigten auf Grund ärztlicher Untersuchungsbefunde,
f) Erfassung und Analyse der Erkrankungshäufigkeit und der Unglücksfälle (Verletzungen) unter den Beschäftigten des Betriebes.

§ 3

Die Errichtung und Organisation der Sanitätsstellen und Polikliniken wird gemeinsam von der Deutschen Verwaltung für Arbeit und Sozialfürsorge und der Deutschen Zentralverwaltung für das Gesundheitswesen durchgeführt.

Die Leitung auf dem Gebiete der Planung und der laufenden Arbeit zur Organisierung der Sanitätsstellen und Polikliniken liegt bei der Deutschen Verwaltung für Arbeit und Sozialfürsorge, auf medizinischem und sanitärem Gebiet bei der Deutschen Zentralverwaltung für das Gesundheitswesen.

Richtlinien und Anweisungen für die Arbeit der Sanitätsstellen und Polikliniken werden von der Deutschen Verwaltung für Arbeit und Sozialfürsorge und der Deutschen Zentralverwaltung für das Gesundheitswesen gemeinsam herausgegeben.

Die Sanitätsstellen und Polikliniken führen ihre Arbeit in enger Zusammenarbeit mit den Arbeitsschutzinspektoren, den Betriebsräten, dem FDGB und den Beratungsärzten der Sozialversicherung durch.

§ 4

Der Stellenplan der Sanitätsstellen und Polikliniken wird von der Deutschen Zentralverwaltung für das Gesundheitswesen und der Deutschen Verwaltung für Arbeit und Sozialfürsorge gemeinsam ausgearbeitet.

Die Besetzung der Sanitätsstellen und Polikliniken mit Ärzten und ärztlichem Hilfspersonal wird von den Organen des Gesundheitswesens durchgeführt.

§ 5

Die Organe des Gesundheitswesens führen eine Spezialausbildung des medizinischen Personals der Sanitätsstellen und Polikliniken durch. Diese Arbeit wird gemeinsam mit den Organen der Sozialversicherung nach einem zwischen ihnen vereinbarten Ausbildungsplan auf Kosten der Sozialversicherung durchgeführt.

II. Verfahren der Arbeitsbefreiung im Krankheitsfalle

§ 6

Das Recht auf Erteilung der Arbeitsbefreiung haben Ärzte der Sanitätsstellen der Betriebe und der betrieblichen und öffentlichen Polikliniken sowie Ärzte, die von den Organen des Gesundheitswesens zur Arztpraxis zugelassen sind und in einem Vertragsverhältnis mit den Sozialversicherungsanstalten stehen.

Grundlagendokument. Gemeinsam mit dem FDGB machte die Partei nun ihre symbiotische Beziehung zur Sowjetischen Militäradministration sichtbar und propagierte ihn als „demokratisches Aufbauprogramm", kurz „Aufbauplan 234". Wenn aus den „Aktivisten für 234", der „Avantgarde" der Wettbewerbsbewegung, etwas werden sollte, mussten die Gewerkschaften die Produktionspropaganda mit der Erziehungsarbeit so verbinden, dass die Partei ihre schwache Betriebsbasis ausbauen und die beanspruchte Verantwortung für die Wirtschaft alsbald übernehmen konnte. In diesem Sinne war die Erwartung des SED-Parteitags zu verstehen, die Gewerkschaften müssten „ihre neuen Rolle als Schulen der Wirtschaft, als Schulen des Sozialismus begreifen".

Die Steigerung der Arbeitsproduktivität ist ein „sehr schwieriges und sehr langwieriges Werk", hatte Lenin prophezeit. Der Diskussionsbedarf auf den Betriebsversammlungen war schwach und womöglich kontraproduktiv. „Die neue Parole heißt nun 'Mehr produzieren!' Für wen denn mehr produzieren? ... Wir bauen Garagen für die Stadtverwaltung und sonstige Behörden, damit diese Herren ihre Autos unterstellen können. Das ist ja auch wichtiger als der Bevölkerung Wohnraum zu beschaffen", monierte Kollege Wender aus Schwerin. Bis Januar 1948 hatten gerade ein Viertel von 487 thüringer Betrieben den Befehl 234 über Wandzeitung bekannt gemacht, die knappe Hälfte besaß aber Arbeitsprogramme zur Umsetzung. Dafür türmten sich die Ausfallzeiten weiter auf: 257 388 Stunden wegen Krankheit, 75 426 wegen Stromausfall, 9408 wegen Transportproblemen, 1717 wegen Zuspätkommens. Am Aktivistendasein hinderte vieles in jenen Jahren.

Der Befehl 234 polarisierte. „Ein von der sowjetischen Besatzungsmacht diktiertes Ausbeutungsprogramm", urteilten der Bürgermeister von Rothental und der Crimmitschauer Stadtdirektor. Aus der liberalen LDPD verlautete ein Verlangen nach Reprivatisierung der VEB. Bürgerliche aus den Westzonen trugen zum „ideologischen Kampf" bei. In der Ostzone sei künftig nur noch von parteieigenen Betrieben zu sprechen, stellte etwa der Kommentator des West-Berliner „Tagesspiegel" fest und erkannte im Leistungsprinzip einen „Parteikapitalismus" als „vorläufigen Ausweg, da der Staat noch nicht fest in kommunistischen Händen ist. Diese Etappe wird nach Beseitigung der letzten politischen Hindernisse zum kommunistischen Staatskapitalismus führen."

Das Widerspenstige hatte auch weichere Formen. „Oft wurden in den VEB die Maßnahmen des Befehls schematisch und schablonenhaft angewandt", berichtet ein Parteichronist. „Die Verantwortlichen blieben aus Unkenntnis der Situation auf der Position der Gleichmacherei, belohnten nicht die wirklichen Aktivisten, aus Angst, andere Kollegen zu benachteiligen. Manche Funktionäre waren nicht in der Lage einzuschätzen, welche Leistung Maßstab für die Bezeichnung 'Aktivist für 234' war, andere wandten sich direkt gegen die Verteilung von Prämien." Geradezu sabotageverdächtig war die Art der Verteilung bei Bremer in Leipzig: eine Tombola.
Die Begriffsklärung „Aktivist" beschäftigte die Funktionäre bis in den Sommer 1948. Auslegungen reichten vom Erfinder über den Sparsamen im Hinblick auf Zeitaufwand und Rohstoffe bis zum Pragmatiker, der einfach die 48-Stunden-Woche einhielt. Der FDGB bot schließlich eine funktionale und eine politische Definition: „Arbeiter, die manchmal gar keine Funktion haben und in den Betriebsversamlungen sehr wenig oder gar nicht auffallen. Sie gehören dennoch zu unseren wertvollsten Kräften, weil sie durch ihre praktische Leistung ernsthaft zur Produktionssteigerung beitragen. Sie sind es, von denen konkrete Vorschläge auf Verbesserung der Produktionstechnik, auf Verbesserung von Maschinen und auch direkte Erfindungen kamen." ... „Es gibt noch sehr wenige Aktivisten und sie arbeiten allein. Anfeindungen von rückständigen Kollegen müssen sie oft in Kauf nehmen ... Aktivist zu sein ist auch eine politische Entscheidung, ... eine Zustimmung zur Festigung der revolutionären Errungenschaften und eine Absage an die imperialistischen Spaltungspolitiker."
Massencharakter, größtmögliche Öffentlichkeit, Anschaulichkeit, Vergleichbarkeit der Ergebnisse, Verbreitung fortschrittlicher Erfahrungen, kameradschaftliche gegenseitige Hilfe, moralische und materielle Stimulierung der Teilnehmer, so lauteten Lenins Prinzipien des sozialistischen Wettbewerbs, der die „befreite Arbeit", die „Arbeit für sich selbst", bieten sollte. Widerstrebenden drohte er: „... einen von zehn, die sich des Parasitentums schuldig machen, auf der Stelle erschießen." Die SBZ-Adaption der russischen Oktoberrevolution ging milder ab. Notorische „Bummelanten" wurden mit dem Entzug des Mittagessens, der Zigaretten- zuteilung, Verfahren vor betrieblichen Schiedsgerichten und Entlassungen bestraft. Im Walzwerk Hett-

stedt, so heißt es, bekamen viele „Bummelanten" im Januar/ Februar 1947 ihre Papiere.
Um die Aktivisten- und Wettbewerbsbewegung zum „neuen Inhalt der Arbeiterbewegung" werden zu lassen und mithin den Aufbauplan 234 zu realisieren, wandten SED und FDGB Methoden an, die über vier Jahrzehnte statisch blieben, Agitation und Propaganda, Kontrolle, Kampf: „Verstärkte Anleitung und ideologische Aufklärung der SED-Betriebsgruppen, der FDGB-Funktionäre und Gewerkschaftsmitglieder, Betriebsräte und FDJ-Funktionäre, gezielte Einbeziehung der Medien und Massenagitationsmittel in die ideologische Arbeit, Organisierung einer wirksamen Volkskontrolle im Hinblick auf Schwarzmarkt- und Kompensationsgeschäfte, Kampf gegen Sabotage am Aufbauplan, auch innerhalb der SED, des FDGB und anderer Organisationen, Weiterführung der Blockpolitik bei ideologischer Isolierung der antidemokratischen Kräfte unter den verbündeten Parteien."
140 Aktivistenkonferenzen im ersten Halbjahr 1948, Produktionsberatungen, Aktivistentagungen, Bestarbeiterkonferenzen, SED-Betriebsgruppen, Leistungslohn – im Hinblick auf den 1. Mai meinte das Gewerkschaftsblatt „Tribüne": „Der höllische Kreis – diese letzte Hoffnung auf eine Restauration des alten Systems in der Ostzone ist durchstoßen." Der FDGB löste die „Arbeitsausschüsse 234"in den VEB auf, die DWK konnte übernehmen. „So wie wir heute arbeiten, werden wir morgen leben" – die Losung war eingeführt und blieb.
Allein, die organisatorisch angelegte Verbindung der Partei mit den Werktätigen, wie Lenin den Auftrag der Gewerkschaften „in der Revolution" beschrieben hatte, sicherte in der SBZ keine stabile Massenbasis und erst recht kein „wirtschaftliches Leben nach den Grundsätzen des Sozialismus". Die Probleme blieben die alten, die „Mehrheit der Arbeiterklasse" zeigte sich weiterhin wenig kampfentschlossen. Der Politische Berater der SMAD und spätere Botschafter in der DDR, Wladimir S. Semjonow, kritisierte die Arbeit der SED als zu abstrakt und wenig aktuell. Der erste Zweijahresplan stand an, und Bruno Leuschner wußte, was das heißt, nämlich, „dass sich der Kampf um den Plan verstärken und der Planungsgedanke zum tragenden Faktor unserer Wirtschaftspolitik werden muss. Wir brauchen eine scharfe Waffe gegen offene und versteckte Widerstände, die sich gegen den Plan richten." Es seien „eine Reihe von Aufgaben in Fragen

der Planung und Kontrolle ... stärker als bisher zu zentralisieren."
Ein „Baumeister des neuen Lebens" musste ran und sich bewähren. Zum ersten Jahrestag des Befehls 234 sollte der Bergmann Adolf Hennecke im Karl-Liebknecht-Schacht, vormals Kaiserin Augusta, im erzgebirgischen Oelsnitzer Revier eine Hochleistungsschicht fahren. SED, FDGB und „das Organ" der Sowjetischen Militäradministration, die „Tägliche Rundschau", stellten in einer Beratung am 9. Oktober 1948 gemeinsam mit Hauer Hennecke akkurat den Einsatz der Aktivistenlegende Aleksej Stachanov nach, der in der Nacht zum 31. August 1935 in einem präparierten Streb und mit besonderem Gerät in der Zeche Centralnaja Irmino im Donbass 102 Tonnen Kohle, 1457 Prozent über der Norm, aus dem Berg geschlagen hatte. Hennecke übertraf in den Morgenstunden des 13. Oktober 1948 unter gleichen Bedingungen die Schichtnorm um 387 Prozent. Stachanov hatte 220 Rubel extra und eine möblierte Wohnung mit Telefon bekommen, Hennecke erhielt einen Anzugstoff, 1,5 Kilo Fett, drei Schachteln Zigaretten, eine Flasche Branntwein und 50 Mark. Beiden wurden verschiedene Parteiämter angetragen. „Ist die Hennecke-Bewegung in der Ostzone Deutschlands mit der Stachanow-Bewegung in der Sowjetunion gleichzusetzen?", fragte sich Kurt Kühn für den FDGB Sachsen und antwortete: „In bescheidenem Maße. Das gesellschaftliche Bewußtsein ist bei unseren Hennecke-Leuten noch zu unterschiedlich." Hennecke wolle die Arbeitskameraden „auf den richtigen Weg bringen" und die nach ihm benannte „Bewegung" stelle „eine positive Antwort der Arbeiter und Angestellen unserer Zone auf den Aufruf der Sozialistischen Einheitspartei und die Stellungnahme der Gewerkschaften zur Durchführung des Wirtschaftsplanes dar."
Die Erwartungen hatten freilich ein Modell. Die über 3000 Stachanovisten, die sich am 14. November 1935 um Stalin im Kreml-Saal versammelten, sollten eine ökonomische Perestrojka bringen, die „jetzigen Normen überwinden, rückständige Massen an die vordersten heranziehen, hartnäckige Konservative unter den wirtschaftlichen und ingenieur-technischen Arbeitern bändigen", wie Stalin gesagt hatte. Der Ersatz ökonomischer Rationalität durch politische Willenserklärung widerstrebte Wirtschaftlern in den Betriebsleitungen. Die Arbeitsmoral war so katastrophal wie der Zustand der Fabriken.

Von den Stachanovisten versprach sich Stalin Kontrolle von unten, eine Gegenmacht zur Vetternwirtschaft der Bürokratie und eine Gefolgschaftsbeziehung. Der Stalin-Kult begann.
Die Stachanov-Bewegung kam schwer in Gang und wirkte wenig inspirierend. Materialversorgung und Ausrüstung der Fabriken blieben schlecht, Stillstandszeiten nahmen zu, technische Instruktionen wurden missachtet, Überstunden stiegen wie der Ausschuss und die Löhne der Stachanovisten, Normierung und Rationalisierung fanden kein Verhältnis, die Beziehung Kosten, Preise, Nachfrage zerfiel bis zur Tauschwirtschaft. Im August 1937 schilderte eine Zeitung den Alltag im Großbetrieb Elektrozavod: „Ein nicht enden wollender Strom von Menschen wälzt sich den ganzen Tag über durch die Korridore, die Hallen und die Produktionsabschnitte. Bücher werden gehandelt, Eis verkauft. Das ist weniger eine Fabrik als ein Basar." Im Jahr 1939 wurde das Arbeitsbuch eingeführt.
Als die KPdSU in ihrem Fünften Fünfjahrplan 1951 – 1955 die Steigerung der Industrieproduktion auf etwa 70 Prozent ansetzte, fixierte die SED im zeitgleichen ersten Fünfjahrplan zur Entwicklung der Volkswirtschaft der DDR die Marke 190 Prozent, „die Verdoppelung im Vergleich zum Jahre 1936". Wichtigste Aufgaben: „Wiederaufbau der zerstörten Städte, in erster Linie Hauptstadt Deutschlands, Berlin, und der wichtigsten Industriezentren der Republik, Dresden, Leipzig, Magdeburg, Chemnitz, Dessau, Rostock, Wismar, usw. ... es sind 9,5 Millionen qm Wohnfläche wiederherzustellen. Die Kosten dafür sind bis 1955 gegenüber 1950 um mindestens 20 % zu senken. Dabei sind insbesondere Materialien zerstörter Gebäude, Leichtmetall und Betonkonstruktionen zu verwenden ..." Die verfügbaren Mitteln waren so knapp wie die Arbeitskräfte: 26,9 Milliarden DDR-Mark veranschlagte der Plan für Investitionen, davon 14,1 für die Industrie; bis zum Ende des Jahrfünfts sollten 7,5 Millionen Beschäftigte tätig sein, der Prozentsatz der arbeitenden Frauen sei von 37 auf 42 Prozent zu erhöhen. Außer Ansatz blieben die gut 1,75 Milliarden Mark für den Rückkauf von 89 SAG-Betrieben 1950 und 1952 von der UdSSR.
Plan erfüllt? Bruno Leuschner, nunmehr Vorsitzender der Staatlichen Plankommission, ließ zur Monatswende Januar/Februar 1955 den Aufstand gegen Norm und Plan vom 17. Juni 1953 unerwähnt. Während Gerhart Ziller, Sekretär für Wirt-

schaftspolitik des SED-Zentralkomitees, das „ökonomische Grundgesetz des Sozialismus", das „ununterbrochene Wachstum der Produktion", beschwor, kritisierte Leuschner, dass es um „Anleitung" und „Kontrolle" in und zwischen den Planungsabteilungen der Ministerien und Räte der Bezirke und Kreise nicht zum Besten stehe. Mitarbeiter seien ohne ausreichende volkswirtschaftliche Kenntnisse. Das Lehrbuch der Politischen Ökonomie müsse gründlich studiert werden. Die Mitarbeit der Werktätigen am Plan sei zu organisieren. „Die Leiter des VEB Wickelrahmen und des VEB Stiegenfabrik im Kreis Zittau gaben der BGL (Betriebsgewerkschaftsleitung d. A.) für die Plandiskussion nur zwei Zahlen des Planvorschlags bekannt und erklärten, dass sie diese Zahlen von vornherein ablehnen sollten, da diese viel zu hoch und niemals zu erfüllen seien." Dabei war Leuschner sich sicher: „Der Plan wirkt dann mobilisierend, wenn die Werktätigen auf Materialverbrauchsnormen, Arbeitsnormen, Kapazitätsausnutzungsnormen und andere Normen orientiert werden, die die fortschrittlichsten Arbeiter in den Betrieben anwenden." *Jas*

*

Ab 9. Mai 1945 war die Kreisstadt Zittau von der Roten Armee besetzt. Die Sowjetische Militäradministration richtete ihre Stadtkommandantur unter Major Pawlow im „Reichshof", einem Hotel an der Ecke zwischen Bahnhofstraße und Grünem Ring, ein. Die Oberlausitzer Stadt im südöstlichen Sachsen war vom Krieg größtenteils verschont geblieben. Mehr als dreihundert Gebäude waren beschädigt, fünfunddreißig davon total zerstört. Fliegerbomben hatten einen Neubau der Textilwerke Hermann Schubert Zittau getroffen, die Textilfirma F. A. Bernhardt AG Zittau war nahezu ausgebrannt. Textilien waren von jeher das Hauptgewerbe der Einwohner, die im Jahr 1946 reichlich 45 000 zählten. Ohne Textilhandwerk ist die Geschichte der 1238 erstmals urkundlich erwähnten Stadt an der Neiße, mit Kriegsende bald an der polnischen Grenze gelegen, nicht zu denken.
Im Jahr 1312 entstand die Innung der Tuchmacher. Das „Gewandhaus" nahe dem Rathaus war der Ort des einträglichen Handels. Zittauer Erzeugnisse gingen bis nach Prag, Wien und das spätere Budapest. „Webervorstadt" hieß das Viertel im Westen der Stadt, wo im 17. und 18. Jahrhundert besonders viele

Produktionsstätten der Leineweber lagen. Die seit dem 14. Jahrhundert ausgebaute Leineweberei stieß wegen steigender Nachfrage entfernt ansässiger Großkaufleute bald an Leistungsgrenzen. Die Herstellung dehnte sich auf Zittauer Ratsdörfer aus. Über Nürnberg gelangten Fertigwaren vor allem nach Italien, Spanien und Portugal, bald an Großabnehmer in England und Holland. In den Jahrzehnten nach 1620 trugen böhmische und mährische protestantische Glaubensflüchtlinge zum wachsenden Wohlstand in Zittau und seinen Ratsdörfern mit der Herstellung von Leinwand bei.

Der Handel mit Leinwand erwies sich als Wachstumsmotor, selbst als das handwerkliche Fertigen von Tuchen in der ersten Hälfte des 18. Jahrhunderts stark zurückging. Um 1750 erreichte Leinwand jährlich einen Ausfuhrwert von rund einer Million Reichstaler und brachte Zittau im sächsischen Städtevergleich hinsichtlich wirtschaftlicher Leistungskraft auf den zweiten Platz nach Leipzig.

Das Bleichen geschah über Jahrhunderte zu beiden Seiten des Stadtflusses Mandau. Bleichereien waren im 19. Jahrhundert der Grundstock privater Textilfabriken. Im Jahr 1847 wurde die erste Orleansweberei der Firma E. F. Könitzer in Betrieb genommen, das Unternehmen Textilwerke Hermann Schubert gründete sich 1862, im Februar 1864 nahm die Firma F. A. Bernhardt ihre Produktion auf.

Ende 1871 entstand die Fränkelsche Orleansweberei AG. Etwa 200 Arbeiter neben 15 Verwaltungsangestellten produzierten auf 455 mechanischen Webstühlen halbwollene Kleider- und Futterstoffe (Orleans). Nach einem Wechsel in der Unternehmensleitung erhielt das Werk im Juni 1883 den Namen Mechanische Weberei Zittau. „Die Mechanische" wurde – über alle Zeitenwechsel und bis in die Gegenwart – zum festen Begriff. Die Belegschaft erhöhte sich im Jahr 1914 auf etwa 1000 Arbeiter. Gegenüber den Garnen aus Baumwolle gewannen Kunstseide und Papiergarn an Bedeutung. Gewebe für Kartuschbeutel der Artilleriemunition machten einen Teil der Produktion aus, den der Erste Weltkrieg verlangte.

Der Krieg ließ die Gewinne wachsen. Im September 1919 wandelte sich „die Mechanische" zur Aktiengesellschaft. Das Jahr 1925 brachte einen Umsatz von 11,8 Mio Reichsmark und einen Reingewinn von 1,4 Mio Reichsmark. Geschäftsverbindungen mit zahlreichen Ländern der Erde standen für den

ersten Rang des Unternehmens unter den Betrieben in Zittau und Umgebung.
Der Vorabend der Weltwirtschaftskrise traf auch „die Mechanische". Ab 1928 gingen die Erträge kontinuierlich zurück, 1933 war der Umsatz auf 3,8 Mio Reichsmark abgefallen, die Belegschaft schrumpfte auf 800 Arbeiter. Von dieser Bilanz erholte sich das Unternehmen in den Jahren des Nationalsozialismus. Veränderungen im Maschinenpark machten die Verarbeitung einheimischer Rohstoffe wie etwa Zellwolle möglich. Eine eigene Versorgungs- und Aufbereitungsanlage zur Absicherung des großen Bedarfs an Fabrikationswasser wurde 1937/38 gebaut, es entstanden Werkswohnungen, Freizeithalle, Sportplatz, Umkleideräume.
Das Aufstellen neuer Technik reichte in die ersten beiden Kriegsjahre. Mit der Typenbreite der Maschinen ließ sich die 1939 vollzogene Umstellung auf Kriegsproduktion komplikationslos bewältigen. Stoffe für Joppen, Blusen, Regenmäntel, Fliegerhemden, kunstseidenes Ärmelfutter, Verbandmull oder Rucksack-Innenstoff deckten den Bedarf von Teilen der Wehrmacht und der Polizei. Zur Produktpalette gehörte der Bespannstoff für die damaligen Rundfunkgeräte „Volksempfänger".
Gegen Kriegsende wurde die Produktion in der „Mechanischen" stillgelegt.
Einige Betriebe verschiedener Branchen nahmen die Arbeit 1945 wieder auf. Den Anfang machte die Mechanische Weberei AG. Auch bei der F. A. Bernhardt AG Zittau konnten die Maschinen nach ersten Aufräumungsarbeiten wieder anlaufen. In den Textilwerken Hermann Schubert Zittau begann die Garnherstellung in der „Spinnerei A" am 21. Juni ausschließlich als Reparationsproduktion. Im Juli setzten der Abbau von Maschinen und Anlagen in der Zwirnerei und deren Abtransport in die Sowjetunion ein. Mit der verbliebenen Technik wurde ab Ende November 1945 über Jahre nahezu ausschließlich nach Aufträgen der Roten Armee gefertigt.
„Die Mechanische" war das erste Werk überhaupt, das in der SBZ wieder produzierte. Zehn Tage nach Kriegsende, am 18. Mai 1945, traten etwa 300 ehemalige Beschäftigte in der unversehrt gebliebenen Fabrik wieder an. Bis Jahresende hatten 702 Arbeiter und Angestellte reichlich 823.000 Meter Bekleidungs- und Dekorationsstoffe als Reparationsleistungen für die Versorgung der Roten Armee und den zivilen Bedarf in der Sowjet-

union an Maschinen hergestellt, die zur guten Hälfte älter als 25 Jahre, aber intakt waren.
Die Rechtsform Aktiengesellschaft blieb dem Unternehmen zunächst formal erhalten. Seine Handlungsfähigkeit setzte die Sowjetische Kommandantur mit der verfügten Melde- und Rechenschaftspflicht gegenüber den neuen Verwaltungsorganen der Stadt jedoch deutlich herab. In der von einem parteilosen Oberbürgermeister geführten Stadtverwaltung hatten Kommunisten fünf der acht Arbeitsbereiche inne. Mit der Übergabe des Betriebes an die Landesverwaltung Sachsen wurde der Vorstand der AG am 8. Februar 1946 aufgelöst. Nach dem sächsischen Volksentscheid am 30. Juni 1946 wurde die Mechanische Weberei Zittau AG zum volkseigenen Betrieb.
Die 819 Frauen und Männer zählende Belegschaft arbeitete vor allem für die Reparation. Durch die Rote Armee wurde die Anlieferung von Baumwolle sichergestellt, so dass der Vertrag über die Herstellung von 3,7 Mio Meter Ware für die Weiterverarbeitung zu Uniformstoffen bis zum Jahresende 1946 erfüllt werden konnte. Ende Juli 1946 hatte die SMA verfügt, dass 250 der 936 Webstühle erstmals für den Bedarf der deutschen Bevölkerung produzieren konnten. Aufgrund großer sowjetischer Baumwolllieferungen wurden 1215 Menschen aus Zittau und Umgebung neu eingestellt, 950 von ihnen mussten angelernt werden.
Viele Vertriebene fanden hier einen Broterwerb. Zu Tausenden waren Deutsche aus den Gebieten östlich der Neiße und dem sudetendeutschen Raum in die Stadt und die umliegenden Dörfer geströmt. Allein mit der Vertriebenenkolonne vom 22. Juni 1945 kamen 25.000 Menschen, vor allem aus den Orten der Amtshauptmannschaft Zittau jenseits des Flusses. Händeringend wurden Unterkünfte gesucht, ehemalige Fremdarbeiterlager, Gasthofsäle, was immer Quartier bot, in Anspruch genommen. Die meisten Ankömmlinge waren völlig mittellos. In der „Mechanischen" wurde für sie eine werkseigene Nähstube zum Anfertigen von Bekleidung aus Stoffresten und eine Werkstatt für die Reparatur gebrauchter Schuhe eingerichtet. Im Juli 1946 eröffnete die sachsenweit erste Konsumverkaufsstelle für Produktionsarbeiter.
Die SMA griff mit zahlreichen Empfehlungen und Anordnungen in die Organisation des Produktionsablaufs ein. Dazu zählten die Errechnung der Stundenleistung an jedem Webstuhl

unter Einhaltung der 48-Stunden-Woche, eine Entlohnung nach tatsächlich geleisteter Arbeit, unabhängig von Geschlecht und Alter, die Einführung des Dreischichtsystems und bezahlter Sechs-Tage-Urlaub für einige erste Weber. Die Arbeiter der „Mechanischen" wurden bis gegen Ende 1947 auf Stundenbasis entlohnt. Danach ging die Arbeitsleistung in die Lohnberechnung der ersten Produktionsabteilungen ein, darunter die Weberei, Spulerei, Andreherei, Zettelei, Schärerei und Warenputzerei. Verbesserungen an der Produktionstechnik ließen zugleich eine Neuberechnung der Lohnsätze zu.

Für die Umsetzung des „Befehls 234" der SMAD entwickelten die Leitung und der Betriebsrat ein Betriebsprogramm. Die Vorhaben betrafen auch Weiterbildung, Kultur und Gesundheitsvorsorge.

Die Oberlausitzer Textilindustrie machte Quote in der Aktivistenbewegung. So meldete der VEB Kleiderfabrik Seifhennersdorf das Überbieten einer Produktionsnorm um 35,8 Prozent durch die gemeinsame Arbeit von 35 Jugendlichen. Im VEB Flachsspinnerei Hirschfelde legten etwa 100 junge Arbeiter im November 1948 eine Sonderschicht ein und übertrafen die Norm mit dem Ergebnis von 120 Prozent. Am 26. Februar 1948 berief der Kreisvorstand der SED eine erste „Aktivistenkonferenz" ein, 243 Aktivisten nahmen teil. Der erste Kongress von „Jungaktivisten" volkseigener Betriebe des Landes Sachsen folgte im Mai im damaligen Hirschfelder Braunkohlen- und Kraftwerk. Hauptredner waren Generalleutnant D. G. Dubrowski, Chef der SMA für Sachsen, und die Vorsitzenden des sächsischen Landesvorstands der SED, Otto Buchwitz und Wilhelm Koenen. Ihre Themen: Jugend-Arbeitsbrigaden und die Aktivistenbewegung als Massenbewegung.

Die damals 187 Mitglieder zählende SED-Parteigruppe der Mechanischen Weberei und die Gewerkschaft warben mit Aufrufen und Appellen für den „Aktivist des Aufbaus", ganz im Sinne des „Aufbauplans 234". Im März 1948 wurden die ersten sieben Betriebsangehörigen für Ideen zum Zweck der qualitätsvollen Leistungssteigerung ausgezeichnet, am 29. April 1948 erhöhte sich die Anzahl der Ausgezeichneten auf 42. Die Vorschläge reichten von einfacheren Arbeitserleichterungen über technische Verbesserungen an Maschinen bis zum gründlich gesäuberten Arbeitsplatz, was die Motivation stärken sollte. Die Aktivistenbewegung in der „Mechanischen" stand seit Jahresbeginn im Wettbewerb mit der Flachsspinnerei Hirschfelde. Als Prämien für Ideen und Fleiß konnte es Radioapparate, Taschenuhren oder Mantelstoffe geben. Arbeiter, die sich die Aktivistentat Adolf Henneckes zum Vorbild nahmen und erhöhte Arbeitsleistung brachten, erhielten am 27. November 1948 ein Paar Straßenschuhe als Anerkennung.

Der im Januar 1949 in Kraft tretende Zweijahresplan verlangte von der Mechanischen Weberei Zittau einen Produktionsanstieg bei reduzierten Selbstkosten ohne Qualitätsverlust. Dieser Vorgabe sollte, neben Generalreparaturen, neuen Maschinen, Transportanlagen und Werkzeugen, ein innerbetrieblicher Wettbewerb zwischen 900 Webern vom 1. Juni bis 31. August Rechnung tragen. Eine Überarbeitung der bestehenden Leistungsnormen war das Ergebnis, 135 Normen wurden verändert, 190 nach eingehender Prüfung beibehalten, 18 neu festgesetzt. Mit dem gegen Ende 1949 für fast alle Produktionsarbeiter geltenden Leistungslohn auf der Basis überprüfter Normen war die Mechanische Weberei Zittau anderen Werken der Vereinigung Volkseigener Betriebe weit voraus. Dennoch ergaben sich Probleme hinsichtlich einer vorfristigen Erfüllung des Plans.

Bis zum 1. August 1950 hatten sich 27 Frauen, 15 Männer und fünf Jugendliche bis 25 Jahre zu „Hennecke-Aktivisten" gemacht. Neben der Werkszeitung „Betriebsecho" und einem Betriebsrundfunk für politische und wirtschaftliche Argumentationen regte die Parteileitung den Abschluss eines Betriebsvertrages durch die Betriebsleitung und die Betriebsgewerkschaftsleitung an. Der Vertrag sah Leistungen für den Arbeitsschutz, die Betriebsfeuerwehr oder den Kindergarten vor, forderte vor allem aber die Erfüllung des Volkswirtschaftsplanes durch die Belegschaft und die notwendige Mobilisierung zu Aktivistenleistungen. Die Ergebnisse blieben jedoch schmal.

Das Ministerium für Leichtindustrie verfügte den Sonderbeauftragten Fritz Streit in die „Mechanische", der in dem Oberlausitzer Ort Seifhennersdorf den VEB Buntweberei leitete und als Mitglied der SED im Verwaltungsrat der Vereinigung Volkseigener Betriebe saß. Streit löste am 15. September 1950 den bisherigen Betriebsleiter ab. Noch Ende des Monats wurde mit den Arbeiten für einen neuen Produktions- und Finanzplan begonnen. Ein „Aktivistenplan" für das Jahr 1951 sollte hervorragende Einzelleistungen, höhere Produktionsergeb-

nisse der jeweiligen Arbeitsbrigade, der Abteilung und letztlich der gesamten Belegschaft bringen. Aktivisten verpflichteten sich, Kollegen zu Bestleistungen anzuleiten und ihnen Aussicht auf den Aktivistentitel zum 13. Oktober 1951, dem „Tag der Aktivisten" zu machen.
Verschiedene „Neuerer-Methoden", benannt nach Aktivisten in sowjetischen Betrieben, hielten in der Mechanischen Weberei Zittau Einzug. Sie erklärten Details zur Rationalisierung von Arbeitsabläufen. Im Januar 1951 widmeten sich Belegschaftsmitglieder der „Kowaljow-Methode". Im zweiten Quartal machte der Betriebsleiter mit der „Builow-Methode" bekannt. Die somit veränderte Arbeitsteilung trug zu deutlich geringeren Stillstandszeiten der Webstühle bei. Im dritten Quartal folgte die „Losinski-Opitz-Methode" für die Verwaltung, in den letzten Monaten des Jahres 1951 schließlich die Methode der Nina Nasarowa, die eine persönliche Pflege der Maschinen vorsah.
Der erste, im Saal des Zittauer „Volkshauses" gefeierte Betriebskollektivvertrag vom 1. Juli 1951 bündelte individuell abgegebene Verpflichtungen zu geplanten Produktionsleistungen. Auf der Basis entsprechender Verträge in den folgenden Jahren fanden „Sozialistische Wettbewerbe" zwischen Textilbetrieben statt. So wurde die Mechanische Weberei Zittau im zweiten Quartal 1951 „Republiksieger im Massenwettbewerb der Textilbetriebe" und erhielt zwölf Monate später den Titel „Siegerbetrieb im Wettbewerb des Planjahres 1952". Im Juli desselben Jahres wurde der Leistungswettstreit in den Betrieb getragen. Mit der Brigadeabrechnung standen nun Arbeitsgruppen verschiedener Produktionsbereiche in Konkurrenz. Auswertungstafeln gaben in allen Abteilungen die Schichtergebnisse und die jeweiligen Tagessieger-Brigaden bekannt. Ein Wimpel, Trophäe für die besten Tagesresultate, wurde von Brigade zu Brigade weitergereicht.
Ende April 1953 erhöhte etwa ein Viertel der 500 Arbeiter sich die bis dahin bestehenden Produktionsnormen um 10 bis 20 Prozent selbst. Das stellte eine Selbstverpflichtung dar, die Stundenleistung um genau diese Prozentsätze zu steigern. Wie in anderen Betrieben wurde damit der durch die Regierung am 28.Mai angeordneten zehnprozentigen Normerhöhung vorgegriffen. Angesichts der schlechten Versorgungslage samt Preiserhöhungen bei Konsumgütern und weiterer Negativfaktoren wuchs der Unmut auch in Zittau. Der 17. Juni 1953 löste in der

Mechanischen Weberei Zittau heftige Protestbekundungen aus, die sich aber auf Diskussionen über die Lebenssituation in der DDR, die Regierung und ihre Beschlüsse, die Oder-Neiße-Grenze und das Bündnis mit der Sowjetunion beschränkten. Arbeitsniederlegungen wie anderwärts blieben aus.
In den folgenden Wochen gab es eine Serie von Belegschaftstreffen, Gespräche mit SED-Parteimitgliedern und Gewerkschaftern in Gewerkschaftsgruppenversammlungen. Ein Meister und zwei Arbeiter wurden entlassen, einige Genossen aus der SED entfernt. Die Wirkung der Juni-Ereignisse hielt lange an. Noch am 24. September 1953 setzten sich Parteigruppenmitglieder des Betriebs mit dem DDR-weiten Aufstand auseinander und erörterten die wirtschaftspolitische Agitation, die unter den Beschäftigten erforderlich sei.
Im selben Monat kam es zu einer Beratung zwischen dem Sekretär des Bundesvorstandes des FDGB, Rudi Kirchner, dem Redakteur des FDGB-Blattes „Tribüne", Kurt Roßberg, und der Partei-, Gewerkschafts- und staatlichen Leitung der „Mechanischen". Die Durchführung einer betrieblichen Gewerkschaftsaktivtagung mit der Bekanntgabe einer Verpflichtungserklärung eines Betriebsangehörigen über ein erhöhtes persönliches Produktionsziel wurde beschlossen. Im Vorfeld stattfindende Gespräche der Parteileitung mit Aktivisten, Bestarbeitern und SED-Mitgliedern brachten die Bereitschaft einer Frau zu Tage, mit der Ende des Monats die Mechanische Weberei Zittau allenthalben Bekanntheit erlangte. Während der Gewerkschaftsaktivtagung am 29. September gab Frida Hockauf die Verpflichtung ab, in drei Monaten 45 Meter Stoff mehr herzustellen, im Oktober 10 Meter, im November 15 Meter und im Dezember 20 Meter. Noch während der Tagung erklärten sich drei Brigaden und die Weberin Margarete Rohleder zur Mehrproduktion bereit. Weitere Einzelverpflichtungen folgten.
Bis 10. Dezember, 21 Tage vor Ablauf der Frist, hatte Frida Hockauf ihr Ziel erreicht. Walter Ulbricht, damals 1. Sekretär des Zentralkomitees der SED, stattete am 24. April 1954, kurz nach dem IV. Parteitag seiner Partei, der Mechanischen Weberei einen Besuch ab. Die Aufmerksamkeit galt Frida Hockauf, den jüngsten Entwicklungen des Betriebes, der Betriebsparteiorganisation und den Belegschaftsmitgliedern.
Bis zur Jahresmitte 1948 hatten 1460 Menschen in der nun größten Weberei der Lausitzer Region gearbeitet, seit dem 1. Mai

ausgestattet mit einer Kindertagesstätte. Ab Juli 1948 gehörte das Werk zur Vereinigung Volkseigener Betriebe – Webereien II, Sitz Löbau. Mit dem Anschluss der benachbarten volkseigenen Kunstseidenweberei zum 1. Februar 1951 erreichte die Belegschaft einen Stand von 2489 Beschäftigten. Im Ministerium für Leichtindustrie war die Textil-Hauptverwaltung zuständig für die Mechanische Weberei Zittau, einer von insgesamt 23 Betrieben dieses Industriezweigs. Im ersten Planjahrfünft steigerte die damals größte Weberei der DDR ihre Warenproduktion von sieben Mio Quadratmetern verschiedenster Gewebe im Jahr 1951 auf 11, 6 Mio Quadratmeter im Jahr 1954. Wasser- und Stromversorgung, Staub-, Dampf- und Hitzereduzierung wurden verbessert, die ersten 34 Webautomaten ersetzten mechanische Webstühle.

Im Jahr 1956 erweiterte der Anschluss einer entfernt gelegenen volkseigenen Kunstseidenweberei die Mechanische Weberei Zittau nochmals, bevor sie 1957 als „Werk 6" im Textilkombinat Zittau (TKZ) aufging, dem ersten seiner Art in der DDR. Die Teilbetriebe „Werk 5" und „Werk 3" hatten ihre Standorte in Zittau, die übrigen verteilten sich auf die Oberlausitzer Orte Spitzkunnersdorf („Werk 1"), Olbersdorf („Werk 2") und Ostritz („Werk 4"). Ihnen gliederten sich Zweigbetriebe regional an. Das Kombinat beschäftigte über 7000 Menschen, vor allem Frauen, die etwas mehr als 65 Prozent der Belegschaft ausmachten.

Für die ehemalige Mechanische Weberei bedeutete die Struktur eine Spezialisierung auf bunte Baumwoll- und Zellwollgewebe. Kleider- und Anzugstoffe aus Zellwollgewebe gingen nahezu ausschließlich als Exportware in das größtenteils nichtsozialistische Ausland und dienten mithin der Beschaffung von Devisen. 200 neue Webautomaten werteten im Jahr 1959 den Maschinenpark auf.

Ein letzter Eingriff in die übergeordnete Struktur des Zittauer „Werks 6" im Januar 1971: Der VEB Oberlausitzer Textilbetriebe Neugersdorf (VEB Lautex) wurde geformt. Aus dem Textilkombinat Zittau mit seinen Teil- und Zweigbetrieben wurde zusammen mit den VEB Buntspecht Neugersdorf sowie Baumwollweberei und Veredlung Neusalza-Spremberg der neue VEB Lautex. Die Bezeichnung „Werk 6" blieb für die ehemalige „Mechanische" erhalten. Bis Mitte der 1970er Jahre war mit 128 Automaten schweizerischen Fabrikats und 70 baugleichen Maschinen aus sowjetischer Lizenzfertigung modernste Webtechnik aufgestellt. Weitere 50 schweizerische Automaten folgten zu Beginn der achtziger Jahre.

Im Jahr 1978 erhielt der Textilbetrieb den Namen „Frida-Hockauf-Werk" und behielt ihn bis 1989. Da hatte das Werk noch 631 Beschäftigte. Der Einsturz des sozialistischen deutschen Staates samt Absatzeinbruch führte zur schrittweisen Schließung des Betriebes im Jahr 1990. Massenarbeitslosigkeit folgte. Drei Jahre später fielen die Mauern der über 120 Jahre alten Weberei, um der Erschließung des „Wohnparks an der Mandau" Platz zu machen. Nach Fertigstellung einer Werkstatt für Behinderte im Jahr 2002, die einen Teil des Geländes in Anspruch nahm, entstanden zwei Jahre später die ersten vier Eigenheime.

Quellen, verwendete und weiterführende Literatur
Arbeitsgruppe für Betriebsgeschichte des Produktionsbereiches 2.1 der Oberlausitzer Textilbetriebe, Teilbetrieb Zittau: Geschichte des volkseigenen Werkes ‚Frida Hockauf' der Oberlausitzer Textilbetriebe Teilbetrieb Zittau (1945 bis 1956), Zittau 1989
Barthel, Horst: Adolf Hennecke: Beispiel und Vorbild, Berlin 1979
Demantowsky, Marko: Geschichtspropaganda und Aktivistenbewegung in der SBZ und frühen DDR : eine Fallstudie, Münster u.a. 2000
Foitzik, Jan: Die Sowjetische Militäradministration in Deutschland, in: Inventar der Befehle des Obersten Chefs der Sowjetischen Militäradministration in Deutschland (SMAD) 1945 - 1949, zsgest. und bearb. von Jan Foitzik im Auftrag des Instituts für Zeitgeschichte, München 1994

Fünfjahrplan zur Entwicklung der Volkswirtschaft der Deutschen Demokratischen Republik: 1951-1955 ; Beschluss auf dem Parteitag der SED am 24. Juli 1950 als Vorschlag an die Provisorische Regierung der DDR, an die demokratischen Parteien und Massenorganisationen, an das deutsche Volk, Leipzig um 1950

Groß, Reiner: Geschichte Sachsens, Sächsische Landeszentrale für Politische Bildung, 3. durchges. Aufl., Dresden 2004

Karlsch, Rainer/ Jörg Laufer: Sowjetische Demontagen in Deutschland 1944 -1949 : Hintergründe, Ziele und Wirkungen, Berlin 2002

Karlsch, Rainer: Allein bezahlt? Die Reparationsleistungen der SBZ/DDR 1945 - 1953, Klitzschen 2004 (Reprint)

Kühn, Kurt: Ist die Hennecke-Bewegung in der Ostzone Deutschlands der Stachanow-Bewegung in der Sowjetunion gleichzusetzen?, FDGB- Landesvorstand Sachsen, Dresden 1949

Langheinrich, Jörg: Die Geburt der Aktivisten- und Wettbewerbsbewegung auf dem Gebiet der DDR im Herbst 1947/Frühjahr 1948 („Aktivisten für 234"), Leipzig, Univ., Diss. A, 1983

Lenin, Vladimir I.: Wie soll man den Wettbewerb organisieren?, Alma-Ata 1987 (1918)

Ders.: Über die Gewerkschaften, Moskau 1982 (1918)

Leuschner, Bruno: Die Erfüllung der staatlichen Wirtschaftsaufgaben im Jahre 1955 und die Ausschöpfung der in unserer Volkswirtschaft vorhandenen Ressourcen. Rede des Vorsitzenden der Staatlichen Plankommission auf der Konferenz der Mitarbeiter der Planungsorgane am 31. Januar und 1. Februar 1955 in Berlin

Maier, Robert: Die Stachanov-Bewegung 1935 - 1938: der Stachanovismus als tragendes und verschärfendes Moment der Stalinisierung der sowjetischen Gesellschaft, Stuttgart 1990

Richtlinien des 19. Parteitags für den fünften Fünfjahrplan zur Entwicklung der UdSSR 1951-1955 : Resolution des 19. Parteitags der KPdSU (B) zum Bericht des Vorsitzenden der Staatl. Planungskomitees Genossen M. S. Saburow, Moskau 1952

Schwarzbach, Helmut: Aus der Geschichte der SED-Kreisparteiorganisation Zittau, Serie der Sächsischen Zeitung, Lokalausgabe Zittau, 1986

Stalin, Josif V: Rede des Genossen Stalin in der Unionsberatung der Stachanow-Arbeiter und -arbeiterinnen, Rostow-Don 1935

Steiner, André: Die Deutsche Wirtschaftskommission: ein ordnungspolitisches Instrument?, in: Dierk Hoffmann und Hermann Wentker (Hg.): Das letzte Jahr der SBZ: politische Weichenstellungen und Kontinuitäten im Prozeß der Gründung der DDR, München 2000

Verband der Nord-Ostdeutschen Textil- und Bekleidungsindustrie e.V.: Zur Geschichte der Baumwollindustrie Sachsens, Chemnitz 1997

Ulbricht, Walter u.a.: Geschichte der deutschen Arbeiterbewegung, Bde 6 (1945 - 1949), 7 (1949 - 1955), Berlin 1966

Winter, Manfred: Im ersten Friedensjahr: Wie war das doch gleich?, Serie der Sächsischen Zeitung, Lokalausgabe Zittau, 1986

o.V: Die südöstliche Oberlausitz mit Zittau und dem Zittauer Gebirge: Ergebnisse der heimatkundlichen Bestandsaufnahme in den Gebieten Neugersdorf, Zittau, Hirschfelde und Waltersdorf, Berlin 1972

Die Spurensuche

Frida Hockauf am 10. Dezember 1953
nach Erfüllung der Verpflichtung

Besuch am Webstuhl 1953

... Frida Hockauf (Mitte) im Betrieb mit einer Delegation in den fünfziger Jahren

Eine Stadt verliert Aussehen. Mit Gründlichkeit verlegtes Gehwegpflaster umschließt, in dunklen Asphalt mündend, netzartig ein geometrisches System kleiner Grundstücke. Planer hatten hier mal von einer ganzen Siedlung Eigenheimwilliger geträumt. Die wenigen neu gebauten Einfamilienhäuschen tauchen im Meer kurz gehaltener Rasenflächen ab: Zeugnisse aus den im vergangenen Jahrhundert euphoriegetränkten Neunzigern, errichtet auf einem Haufen verpresster Mauerscherben eines zerschlagenen Betriebes der Zittauer Textilindustrie. Die hier beigesetzten Reste des „Werks 6" von insgesamt zehn in dieser Oberlausitzer Region Stoff produzierenden Betrieben stemmen sich aus dem Erdreich gegen den kühn ersonnenen architektonischen Entwurf aus einer vollkommen anderen Welt, die sich dem Verbrauchen ergeben hat.
Einst fanden sich Hunderte Leute tagtäglich auf dem Areal, das heute von seinen Anwohnern und bestenfalls ein paar leichtfertigen Sonntagsspaziergängern beansprucht wird, die das Schild „Betreten verboten" überlesen. Damals, vor dem alten Betriebsgebäude, zeigte sich die „rollende Schicht" in laufenden Menschenbändern, sog sie im Rhythmus der Arbeitszeiten durch das große Werktor ein und spie wieder aus. Etwa in Höhe der einmündenden Gasstraße regulierte eine Ampel die Enge der Ein- und Ausfahrt zwischen den beiden steinernen Pfosten. Als Jung-Thälmannpionier und späterer FDJler ging ich oft durch das Tor, um quer durch ein Gebäudelabyrinth, begleitet von Gerüchen nach Stoffen und betriebswarmen Elektromotoren der Maschinen, einen Kulturraum zu erreichen. Auf dem Weg kreisten die Gedanken um die Worte irgendeines Gedichts, das ich in wenigen Augenblicken zu rezitieren hatte. So mancher schulische Gruppennachmittag, so manche Festveranstaltung aus unterschiedlichstem Anlass wurde in den verborgen gelegenen vier Wänden abgehalten. Das Textilkombinat Zittau, „Werk 6", war der Patenbetrieb der Zittauer Schule, in die ich ging. Fördern einer Bindung zwischen Schülern und Werktätigen durch Kennenlernen war das gewünschte Ergebnis einer am Ende eher höflichen Freundschaft mit grundlegender Zurückhaltung. Die von den meisten Kindern und Jugendlichen, vor allem späterer Schülergenerationen, als Pflicht empfundenen gegenseitigen Besuche ließen kaum ein wirklich lebendiges Verhältnis entstehen. Beinahe jede dieser festlichen Zusammenkünfte kam nicht ohne ein paar würdigende Worte zu den Leistungen einer ehemaligen Arbeiterin des TKZ aus: Frida Hockauf. Eine Büste auf

hellem Steinsockel, flankiert von einer aktuell gehaltenen Wandzeitung und einer Fahnengruppe, in einer Ecke im unteren Flur unseres Schulhauses taucht in Gedanken wieder auf. Ein unvergessenes Ensemble deshalb, weil es nach jedem Betreten des Gebäudes sogleich ins Auge fiel und so zum ganz selbstverständlichen, durchaus nicht lästigen Wahrnehmungsritual der Jahre meiner Schulzeit hinauftrieb. Eher die von dem einen oder anderen in Reden wild umhergeschlagenen losungshaften Phrasen wie „Beispiel nehmen" und „Aufsehen" zu jener uns Kindern als Aktivistin bekannten Frau poltern, heute noch immer keinen Halt findend, in meinem Hirn herum. Wurde doch gleich das ganze Leben eines Menschen mit Übereifer, fast Besessenheit, in die Buchstaben weniger Worte gezwängt, die immer alles sagen, niemals Fragen offen lassen sollten und dafür die Richtung laut trompeteten.

Je mehr ich mich zurückversetze, desto deutlicher wird die Erinnerung an einen Satz, der, in großen Buchstaben aufgetragen auf einem langen Stück Stoff, durchaus Platz an einer der Wände des Kulturraums beansprucht haben könnte: „So wie wir heute arbeiten, werden wir morgen leben". Der Satz machte Frida Hockauf zur Berühmtheit und brachte sie in die Geschichtsbücher im sozialistischen Deutschland. Während meiner Schulzeit bekam ich ihn oft zu hören. Jeder kannte ihn irgendwie. Er überlebte sogar die gesellschaftlichen Radikalumbrüche nach 1989 und die sie begleitende entwurzelnde Abrechnungswelle. Selbst in den Medien scheint er einen Platz bewahrt zu haben. Die sich von der Legende bis zur wahren Begebenheit bewegende DDR- Geschichtsbetrachtung greift sich noch immer den Satz als charakteristisches Zitat. Heutiges Wiedererkennen dieser Worte geht bei den meisten mit energisch bestätigendem Kopfnicken und gleichzeitig einem verlegenen Lächeln einher.

Woher nimmt dieser Satz, der Frida Hockauf zugeschrieben wird, diese Wirkung, frage ich mich, während ich noch immer auf die große Freifläche am ehemaligen Standort des Zittauer Textilwerkes schaue. Liegt es an seiner vollkommen ungeschwollenen Formulierung, an seiner leichten Durchschaubarkeit? Begeistert seine einfache Wahrheit oder die Munkelei um seine Entstehung? Wie kam es zu diesem Satz? Wer war die Frau, die im grellen Licht dieser Worte stand? Ich möchte meinen Unsicherheiten über die Vorgänge jener vergangenen Jahrzehnte den

Das Frida-Hockauf-Kabinett im "Werk 6". nach der Einweihung 1978

Raum nehmen. Ich will etwas mehr ergründen über die Weberin. Mehr als es die glatt klingenden Überlieferungen in den Archiven hergeben.
Als „Weberin im VEB Mechanische Weberei Zittau, Initiatorin einer Massenbewegung mit weitreichenden Auswirkungen auf die Stärkung der sozialistischen Entwicklung der DDR" fasst die Zittauer Stadtchronik Frida Hockauf zusammen. Der zeitgeschichtliche Berichterstatter zitiert sie mit einem Auszug aus einer 1953 in der Tagespresse veröffentlichten Rede anlässlich der Auswertung eines innerbetrieblichen Wettbewerbs: „Wie schnell der neue Kurs verwirklicht wird, liegt an uns Arbeitern selbst, denn wir stellen ja die Waren her, die wir mehr kaufen wollen. Ich stelle mir deshalb das Ziel, im IV. Quartal über mein Soll hinaus 45 Meter mehr Stoff in ausgezeichneter Qualität zu produzieren. Ich rufe alle Berufskollegen auf, meinem Beispiel zu folgen, indem wir uns die Losung stellen: Dem Volke mehr und bessere Textilien." Es folgt der leicht abgewandelte Satz, der das Schicksal der Weberin so nachhaltig prägen sollte: „So wie wir heute arbeiten, wird morgen unser Leben sein!" Darauf, so der Chronist, sollen sich Berufskolleginnen sofort angeschlossen haben. Und weiter lese ich: „Anlässlich des Tages der Aktivisten am 13.10.53, wo sie mit der ‚Medaille für Ausgezeichnete Leistungen im Wettbewerb' geehrt wurde, übersandte auch der Initiator der Aktivistenbewegung, Adolf Hennecke, ein Grußschreiben an die Zittauer Weberin. Schnell fand das Beispiel Frida Hockaufs in den Betrieben der DDR ein breites Echo. Ihre Worte wurden zu einer weit verbreiteten Losung des 1. Fünfjahrplanes. (...) Bis zum 20.10.1953 ergaben sich aus den 45 Metern der Verpflichtung von Frida Hockauf im 'VEB Mechanische Weberei Zittau', insgesamt 21.280 Meter zusätzliche Produktion. Im Bezirk Dresden waren es 36.000 Meter. Zu einem gemeinsamen Treffen kamen am 28.10.53 Adolf Hennecke und Frida Hockauf in Zittau zusammen. (...) Infolge ihrer langjährigen Produktionserfahrungen sowie der sorgfältigen und rationellen Arbeitsvorbereitung konnte Frida Hockauf ihre Verpflichtung, nach einem monatlichen Schlüssel im IV. Quartal 45 Meter Stoff bei ausgezeichneter Qualität über den Plan hinaus zu weben, bereits am 10.12.53 erfüllen." Der Auszeichnung vom 13.Oktober 1953 sollen am 8. März 1954 die Clara-Zetkin-Medaille, am 13.Oktober 1954 der Ehrentitel „Held der Arbeit" und am 17. Oktober 1954 ihre Wahl zur Abgeordne-

ten in die Volkskammer der DDR gefolgt sein. Doch nicht nur Freunde soll sie gehabt haben, vermerkt die Stadtchronik: „Drohungen und Sabotage versuchten, Frida Hockauf einzuschüchtern und Betriebsangehörige von der Teilnahme an der Hockauf-Bewegung abzuhalten."
Nach Aufstieg klingende Daten einer Frau, deren Leben in ärmlichen Verhältnissen begonnen haben soll. Die 1987 entstandene Chronik erzählt über das Davor ihres Aktivistenlebens: Geboren am 24. September 1903 als Frida Kloos, als neuntes Kind einer Weberfamilie in Reichenau, dem heutigen polnischen Bogatynia, konnten ihre Eltern das Existenzminimum der Familie kaum absichern. Der Vater wird als aktives Mitglied der SPD geschildert, was zu häufiger Arbeitslosigkeit geführt haben soll. Acht Jahre besuchte Tochter Frida die Volksschule, die schon als Schulkind in fremden Haushalten als Zuverdienerin für ihre große Familie gearbeitet habe. Ab 1918 Dienstmädchen. Erst später habe sie in einem Textilbetrieb Weberin gelernt. „1923, während des Höhepunktes der Inflation, heiratete sie den klassenbewussten Weber Alfred Hockauf, der sie mit den Kampfzielen des Proletariats vertraut machte." 1925 wird Tochter Ursula geboren. „Beiden blieb in der Zeit der Weltwirtschaftskrise lange Arbeitslosigkeit nicht erspart. Nach der Errichtung der faschistischen Diktatur wurde ihr Mann wegen seines illegalen Kampfes gegen den Faschismus im November 1933 verhaftet und wegen Vorbereitung zum Hochverrat zu einer Gefängnisstrafe verurteilt." Beide sollen nach der „Zerschlagung des Faschismus" zu den „Aktivisten der ersten Stunde" gehört haben. Alfred Hockauf wird nochmals als Angehöriger der VP (Volkspolizei) erwähnt. Und: „1946 wurde Frida Hockauf Mitglied der Partei der Arbeiterklasse. Trotz angegriffener Gesundheit übte sie mehrere ehrenamtliche Funktionen aus. Ab 1951 war sie wieder als Weberin im VEB Mechanische Weberei tätig und leistete aktive Parteiarbeit." Die Darstellung lässt ihre Sterbedaten unerwähnt.
Auf der Suche nach ihrem Grab unterstelle ich kurzerhand den Sterbeort Zittau. Einer der städtischen Friedhöfe kann ihren letzten Lebensmoment datieren; Frida Hockauf schloss am 30.Januar 1974 für immer die Augen. Drei Jahre darauf, verzeichnet die entdeckte Grabstelle, verstarb ihr Mann Alfred, 1995 Tochter Ursula. Eine hochgewachsene Kiefer markiert die gepflegte Ruhestätte mit dem Stein aus poliertem rotbraunen Granit, eine kleine Konifere verschattet die rechte Hälfte der

goldenen Lettern. Eine Grabstätte in der zweiten Reihe, bemerke ich. So ganz will das nicht zu Frida Hockauf passen, die, nach allem, was ich bisher weiß, von sich aus die Arbeiterschaft der DDR aufgerufen und begeistert haben will, gefeiert wurde und allem mit uneingeschränkter Bereitwilligkeit so kämpferisch voranstand. Machte das diesen Menschen aus, beginne ich nun nachdrücklich zu zweifeln. War sie wirklich so? Hatte ein vielleicht gut gemeinter Satz sie in eine Rolle in einer Großaufführung gedrängt, der sie sich nicht mehr entziehen konnte oder wollte? Eine Frau, die abseits der Öffentlichkeit mit Ehemann und Kind ein Familienleben mit seinen ganz gewöhnlichen Inhalten geführt hat? Die reichlichen und monoton beschreibenden zeitgenössischen Druckwerke schweigen sich darüber gründlich aus.

Ich möchte Menschen ihrer Tage aufspüren, die die Zittauer Weberin an der Maschine, am Rand großer Versammlungen und Kundgebungen, in kleineren Betriebs- oder Brigadefeiern aus nächster Nähe erlebt haben. Mein größter Gegner wird die Zeit sein. Ich weiß überhaupt nicht, ob und wie lange sie mir Gelegenheiten bieten wird, etwas über Frida Hockauf zu erfahren, mehr als zehn Jahre nach jenem Tag, an dem auch ihre Tochter verstorben ist. Hoffnung stellt sich mit dem Auffinden des letzten Leiters von „Werk 6" ein. Von ihm erhalte ich ein paar wenige Hinweise auf damalige Kolleginnen. Aber die verwertbaren Spuren bleiben spärlich. Scheu vor dem Äußern einer Meinung, die womöglich nicht in die Stimmungsrichtung der Gegenwart passen könnte, Verdrängung oder einfach nur mangelnde Kenntnis von der einmal so bekannten Zittauer Weberin blockieren.

Frida Hockauf um 1950

„Viel weiß ich nicht", sagt Christa Thimmig. „Ich war in einer ganz anderen Produktionsabteilung." Nach Frida Hockauf sei ja später eine Jugendbrigade ihres ehemaligen Betriebes benannt worden. Ein paar eigene Lebenserinnerungen stellt die 75-jährige Christa Thimmig voran: „Ich bin '45 ausgewiesen. Manche Familien sind gleich weitergegangen, manche sind geblieben, weil sie dachten, sie kommen wieder einmal heim. Meine Eltern und Großeltern auch. Naja, und dann haben wir eben hier doch Fuß gefasst. Etwa September `46 bin ich in die 'Mechanische Weberei'. Da lag alles am Boden. Ich habe echt die 'Mechanische' mit aufgebaut. Die Ketten waren alle abgewebt und mussten wieder vorbereitet werden, damit man neu weben konnte. So fing das langsam an. Da haben wir auch wieder mehr Leute eingestellt. Das war komisch: Da war so ein Webereileiter, bei dem mussten alle was rechnen. Daraufhin hat der gesagt, was die einzelnen machen müssten, eben so, wie der das gerade wollte. Aber diese Obrigkeiten sind dann auch bald gegangen. Die sind alle in den Westen übergesiedelt. Und dann kamen eben unsere... Naja, die alten Genossen. Die haben dann eigentlich das Werk mit aufgebaut."
Gerade 16 Jahre war Christa Thimmig, als sie half, die „Mechanische" wieder in Gang zu setzen. Frida Hockauf sei zu jener Zeit schon im Werk in der Weststraße gewesen. „Ich weiß dann bloß, dass die Frida eben dort gearbeitet hat. Wahrscheinlich genauso wie wir, wie viele. Wir brauchten ja das Geld, wir hatten ja nichts. Wir mussten alle neu anfangen. Eine Weberin, die nicht arbeitete, verdiente nichts, wenn die Maschinen standen. Da hatte man am Ende keinen Lohn. Und da hat sie dann irgendwie die Initiative gestartet. Sicher haben sie mit ihr geredet, denn die redeten ja mit jedem, wenn so was war." Das Ergebnis sei jene Verpflichtung gewesen, „dass sie so und so viele Meter über den Plan macht", berichtet die Rentnerin spärlich. „Ich weiß dann auch nicht mehr, wie das weiterging. Ich war in einer anderen Abteilung."
Leute, die der PlanInitiative abgeneigt, in einigen Fällen sogar feindlich gegenüberstanden, hat die Zittauerin in Erinnerung behalten. Gelegentliche Bezeichnungen als „Spinnerin" sollen noch das Harmloseste gewesen sein. Auch das Zerschneiden der Kettfäden an Frida Hockaufs Webstühlen kam hin und wieder vor. „Wenn man mehr macht", meint Christa Thimmig, „macht man sich auf alle Fälle Feinde." Kalkulierter Preis für ein

Leben, das sich womöglich von dem der anderen allmählich ablösen sollte? „Eine ganz bescheidene, einfache Frau", hält die Zittauerin entgegen. „Also, die hat sich nicht vorgetan und nichts. Ich nehme an, die Frida hat sich da auch nicht richtig wohl gefühlt." Irgendwann soll sie die Produktion verlassen haben. „Ich glaube, die konnte dann auf den Füßen nicht mehr fort. Man musste sich ja dauernd bewegen, auch wenn sie damals die mechanischen Webstühle hatte, bei denen dazwischen so ein schmaler Gang war. Die standen ja so rüber und nüber und da brauchte man sich meistens bloß umdrehen. Aber sie war ja im Alter. Schon bei der Ausweisung war sie bestimmt um die 40. Und dann hat sie es eben einfach nicht mehr geschafft. Da haben sie sie dann in den Wettbewerb umgesetzt." Büroarbeit bestimmte also die letzten Arbeitsjahre der Vorzeige-Weberin der DDR.
Im September 1989 ging Christa Thimmig in Rente. Um einige Monate verspätet, erklärt sie. Einfach, weil man Arbeitskräfte bis dahin dringend gebraucht hatte. Auffallend zurückhaltend wählt sie ihre Worte über das damalige Bekanntwerden des Abrisses am Beginn der Neunziger des letzten Jahrhunderts: „Wenn Sie dort 43 Jahre drin gearbeitet haben, da ist das schon nicht schön, wenn dann das Werk überhaupt nicht mehr ist." Deutlicher bringt sie ihr Unverständnis über eine Art Zerstörungswut gegen Inventar im Werk zum Ausdruck, das sie irgendwie doch mit hatte entstehen lassen. Sie weiß von Containern, in die parallel zum Abriss erbarmungslos hineingeworfen wurde. Anderes sei bedenkenlos verhökert worden, auch viele der Webautomaten. Riesige Summen staatlicher Gelder seien schließlich zuerst einmal, verteilt über die Jahrzehnte des Bestehens der DDR, in ihre Anschaffung geflossen. Mittel, die woanders fast immer gefehlt hatten. Das Äußere ihres alten Werkes blieb dabei überwiegend unansehnlich, muss Christa Thimmig eingestehen. Nur in kleinsten Schritten und nur teilweise sei dort erneuert worden. Ein für die Produktion unerhebliches Merkmal, verteidigt sie. „Es ging eben nicht alles auf einmal."
Christa Thimmig spricht für eine ostdeutsche Generation, deren Lebenswerk binnen Tagen vernichtet wurde. Für sie war der Sozialismus anfangs durchweg eine gute Sache, in späteren Jahren rührten sich stille Zweifel an wirtschaftspolitischen Entwicklungstendenzen. Bis in die Gegenwart reichende, oft als Diffamierung empfundene Urteile über den Staat DDR, insbesondere der Menschen, die in ihm arbeiteten und lebten, führ-

ten zu bohrenden Selbstvorwürfen. Hin und wieder fehlende Antworten brachten Verbitterung. Auslöschen schien der einzige Ausweg. Eine Menge schriftlicher Erinnerungen und Fotografien fielen dieser Verfassung zum Opfer. „Da war so vieles. Ich habe so vieles so lange aufgehoben. Ich habe aber alles weggeschmissen, weil es ja keinen Sinn hat. Weil die Reporter das sowieso alles umdrehen", kritisiert sie den Mangel an Verständnis und den Überfluss an Voreingenommenheit. Ihre Verzweiflung klingt beinahe wie eine Entschuldigung: „Wir sind der Jahrgang gewesen, der gerade so durch den Krieg gegangen ist. Und da wollten wir ja, dass es besser wird. Wir wollten keinen Krieg mehr und nichts. Und wie das so angefangen hat, da haben wir eigentlich gedacht, das ist alles richtig. Das war ja auch ganz schön lange richtig. Warum dann alles auf einmal so schief gelaufen ist, das weiß eben auch keiner so genau." Es sei eben alles irgendwo „unten hängen geblieben", sucht Christa Thimmig nach kurzem Nachdenken eine Erklärung. Das habe sie damals auch als falsch empfunden. Sie erzählt einen alten DDR-Witz als Beispiel: Eine Sau bringt nur fünf Ferkel zur Welt. „Nach oben" werden aber die von dort ursprünglich geforderten zehn gemeldet. Stolz sagt das Ministerium daraufhin: Sehr gut. Fünf Ferkel gehen in den Export, die andere Hälfte ist für euch. Die produzierte Ware, berichtet Christa Thimmig, habe eigentlich nie gereicht. Immer wieder hätte es deshalb ankurbelnder Initiativen bedurft. Erst gegen Ende der DDR soll man in der „Mechanischen" vom „Produzieren auf Halde" gemunkelt haben. „Ob dann zuletzt wirklich nichts mehr weggegangen war?" Die 75-Jährige wirkt nachdenklich. So richtig glauben kann sie die zu jener Zeit umlaufenden Gerüchte nach mehr als 16 Jahren noch immer nicht. Ein Berufsleben, das abgeschlossen ist, ohne ein wirkliches Ende genommen zu haben. Weg und Ziel sind zum historischen Irrtum erklärt worden. Dreiundvierzig Arbeitsjahre. Wofür denn eigentlich?
Im Erzählen ist die anfängliche Zurückhaltung der Rentnerin um einiges gewichen. Jetzt werden sogar mit noch immer vorhandenem Stolz ein paar betriebliche Auszeichnungen vorgestellt. An jeder hängt ein Stückchen Lebensgeschichte, irgendeine damit verwachsene Begebenheit, die im Gedächtnis ihren Platz hat. Dabei bekomme ich den einen oder anderen Namen ehemaliger Textilarbeiter genannt, die, so Christa Thimmig, „noch irgendwie was über die Frida wissen müssten."

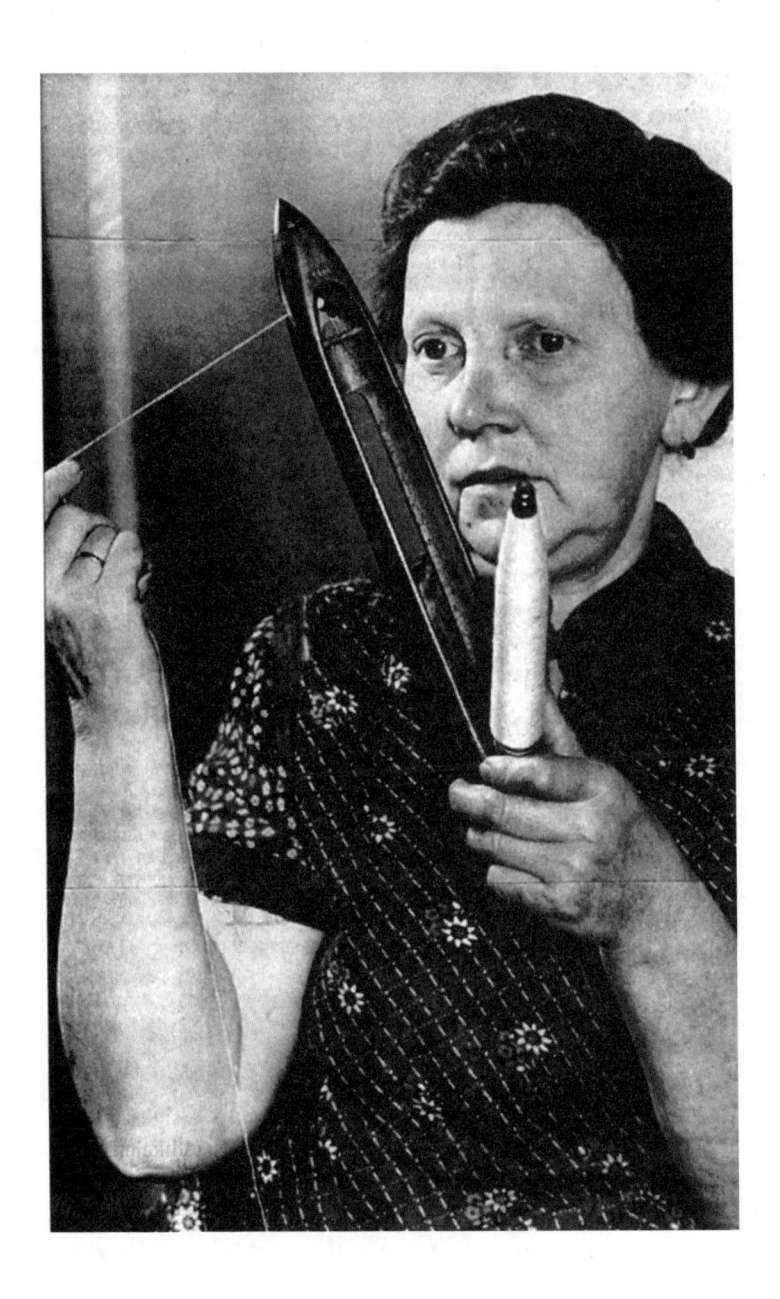

...mit Schiffchen in den fünfziger Jahren

Die Gespräche sind nicht nur ergiebig. „Darüber weiß ich nichts" oder „Da kann ich Ihnen nichts sagen" bekomme ich neben vorsichtigen bis misstrauischen Stimmen zu hören. Erst in einem Dorf nahe Zittau habe ich wieder mehr Glück: „Der 17. Juni war ja vorbei und jetzt musste wieder ein bisschen Gegenströmung erzeugt werden." 1941 fing Werner Frieser in der damaligen „Mechanischen" als Lehrling an. Zu Beginn der Neunziger ging er im Zuge erster Massenentlassungen als Webmeister in Rente. Vor Jahrzehnten leitete der mittlerweile 77-Jährige die Brigade Frida Hockaufs. Er weiß deshalb um die Hintergründe der Initiative aus nächster Nähe. „Da hatten sie erst zwei andere Frauen, auch Weberinnen, und dann hatten sie die Frida geholt auf die Parteileitung rüber. Eine gute Weberin war sie. Die ersten zwei hatten 'Nein' gesagt und die Frida hatte 'Ja' gesagt. Na, und da ist das dann alles so aufgebaut worden."
Über Persönliches der bekannten Weberin könne er aber ich nicht viel sagen. Während der Schichten sei darüber nicht gesprochen worden, und Brigadefeierlichkeiten waren damals noch nicht ganz so üblich. „Sie war eine Arbeiterin. Sie hätte man nicht dorthin setzen können, wo sie hätte Landrat sein müssen oder so was. Das wäre für sie nichts gewesen." Immer habe sie auf dem Boden neben ihren Weberinnen gestanden, auch später, als sie oft ausgezeichnet wurde und schließlich als Abgeordnete in die Volkskammer der DDR einzog. „Wenn jemand gekommen ist, hat sie sich eingesetzt. Alles zu regeln war ihr zwar auch nicht vergönnt, wie das so manchmal ist. Manchmal will der eine das nicht regeln oder will es nicht so regeln, wie das gerade verlangt wird. Das ist einfach so." Krank, weiß Rentner Frieser, soll Frida Hockauf schon sehr zeitig gewesen sein. „Die hat ja als junge Frau eine Perücke gehabt. Das war während des Krieges schon so. Warum, das weiß ich nicht.
Eines würde ich sagen: Es hat ein bisschen Aufruhr gegeben, wie das dann immer so ist. Die haben alle gedacht, die will die Anderen um das Geld bringen. Aber das war gar nicht der Fall. Denn es ist ja so gewesen: Das, was durch sie gesagt worden ist, das ist ja nicht aus ihrem Kopf gekommen, das ist ja von anderen gekommen. Und den Sinn kann man ja auf jede Gesellschaft, auf jede Person anwenden. Wenn ein Familienvater gut arbeitet, kann er sich viel leisten, in jeder Hinsicht. Hier eben auch. Wenn ich sagen sollte, sie hätte sich dafür missbrauchen lassen, stimmt das so nicht. Das ist kein Missbrauch gewesen. Sie hat

... am Webstuhl in den fünfziger Jahren

sich gebrauchen lassen, hat sich überreden lassen oder irgendwie oder hat das eingesehen, dass das so ist. Ich weiß ja nicht, was sie mit ihr damals drüben geredet haben."

Einmal lud Frida Hockauf die Brigade zu sich nach Hause ein. Anlass war ihre erste Auszeichnung. Werner Frieser beschreibt das kleine Reich der Hockaufs: „Einfach war alles. Neben dem ‚Stadt Görlitz' unter dem Dach hatten sie eine Wohnung." An viel mehr kann sich Werner Frieser nicht mehr erinnern.

Ich mache mich auf die Suche nach jenem Zuhause, wo sich vor Jahrzehnten die Brigade mit ihrer gerade ausgezeichneten Kollegin zum Feiern versammelt haben soll. Ein altbautypisch zusammenhängender Gebäudekomplex – die schon Anfang der Neunziger geschlossene Ecklokalität „Stadt Görlitz" umfasst zwei Straßenzüge. Wo jetzt anfangen mit dem Suchen nach Mietern, die noch dies oder jenes aus dem privaten Leben der Aktivistin wissen könnten oder Frida Hockauf womöglich selbst gesehen haben? Auf dem Klienebergerplatz zeigt sich eine Fassade, die mittlerweile eine Altlast der Großen Kreisstadt kaschieren dürfte. An vielen Stellen liegt Mauerwerk zwischen orangefarbenem Putz frei. Erst in der zweiten Etage des mehrstöckigen Hauses haben sich wohl Mieter wieder wohnlich eingerichtet. Das Dachgeschoss wirkt dagegen leer. Eine Mansardenwohnung soll es nach Werner Frieser gewesen sein. Soweit stimmt zunächst einmal alles.

Die rustikale Haustür des ehemaligen Bürgerhauses ist verschlossen. Es könnte einen Hinterhof geben. Ich gehe um die andere Ecke des „Stadt Görlitz", Richtung Rosa-Luxemburg-Straße, und dort durch die Einfahrt in den Hof. Auch die Hintertür ist versperrt. Im Bereich der Einfahrt ist der Hof sehr schmal, gewinnt erst durch sein Aufstrecken nach hinten etwas mehr Größe. Das verwitterte Firmenzeichen einer Brauerei kommt in den Blick. Ich beschließe, mich der anderen Hälfte des „Stadt Görlitz" entlang der Rosa-Luxemburg-Straße zu widmen. Mit der Hausnummer 5 begegnet mir gleich neben der Durchfahrt ein mehrstöckiges, bis zur Mansarde bewohntes, intaktes Mietshaus. Völlig unerwartete Hilfe bekomme ich aus einem Elektrofachgeschäft im Parterre: „Hier hat die Frida gewohnt." Die Frau des Inhabers weist mit dem Finger über ihren Kopf hinweg in Richtung Raumdecke. „Ganz oben unter dem Dach. Mein Schwiegervater könnte Ihnen bestimmt noch mehr über die Frida erzählen, aber der lebt leider nicht mehr."

Doch, es gäbe noch einen Mieter, der hier schon von klein auf wohnte, weiß Angela Tietze Rat. „Er könnte womöglich was wissen." Seine Tochter lebe heute in der Mansardenwohnung der Familie Hockauf, macht mir Heinz Müller mit unverkennbarem Stolz klar. „1945 bin ich nach Zittau gekommen. Eigentlich stamme ich aus Reichenau." Seit seiner Kindheit wohnt der 66-Jährige in dem Miethaus. Erinnerungen an die Vorzeige-Weberin, die über Jahre tagtäglich den gemeinsamen Treppenaufgang des Hausflures nutzte, sind indessen bei Heinz Müller knapp. Sehr zurückhaltend sollen die damaligen Bewohner der Mansardenwohnung gewesen sein. „Die Familie hat man fast gar nicht gemerkt." Nur ein Ereignis hat sich ihm tief eingeprägt. „Hier standen zwei und einer hier." Heinz Müller zeigt auf die Haustür und schwenkt den Arm in Richtung Treppenaufgang. Sicherheitsleute für den Präsidenten der DDR sollen da gestanden haben. Wilhelm Pieck war gekommen. Die Beglückwünschung Frida Hockaufs zu einem nicht mehr gegenwärtigen Anlass hätte angestanden, damals Ende der Fünfziger. Irgend etwas soll ihr in der Wohnung überreicht worden sein. An die Szene könne er sich deshalb erinnern, weil ein Reporterteam auf Zelluloid sie festgehalten hatte, begründet der ehemalige Filmvorführer. „Ich sehe noch heute das Auto an der Straße stehen: 'DEFA Wochenschau Berlin'." Das ganze Haus sei wegen der vielen Scheinwerfer taghell gewesen. „Den Film gibt es heute noch in Dresden", bekräftigt Heinz Müller begeistert. Die vorbeiführende Straße wäre damals mit Polizei abgesichert gewesen. Ich schaue auf das vor der Haustür monoton entlangrollende, lärmende, bunte Band vieler Autos, während der 66-Jährige einige Details des hohen Besuchs wiederholt.

... mit Tochter Ursula am Tisch im Garten um 1965

Martha Kunert bringe ich zuallererst den Pieck-Besuch nahe. Während sie darüber angestrengt nachdenkt, macht sich Ratlosigkeit im Gesicht der Rentnerin breit. Sie senkt den Kopf. Der innere Angestrengtheit spiegelnde Blick fällt auf das mit Stickereien verzierte Deckchen auf dem Wohnzimmertisch. Die Maschinen, die es entstehen ließen, standen in ihrem ehemaligen TKZ „Werk 6", erfahre ich nebenbei. Den Besuch von Wilhelm Pieck kann sie nicht bestätigen. „Man muss halt schon ganz schön denken, wie war denn das und das einmal", bekennt Martha Kunert. Genauso wie andere ihres damaligen Betriebes hat auch sie die Vergangenheit gründlich überwältigt: „Ich muss ehrlich sagen, es ist noch gar nicht so lange her, da habe ich die letzten Bilder und Sachen vernichtet. Weil wir immer gedacht haben, wir waren ja nichts mehr. Und nach der Wende haben wir gesagt: Warum sollen wir das Zeug aufräumen? Weg! Es ist erledigt! Es ist eine andere Welt, und es ist ja anders geworden und besser geworden, wollen wir mal sagen."
Siebenunddreißig Jahre Berufsleben in der Textilbranche. Eine Zeit, die sich als Abschnitte im Gedächtnis der 81-Jährigen erhalten hat. „Zu den Zeiten waren wir froh und dankbar, dass wir halt Arbeit hatten", ringt Martha Kunert um Verständnis für die so bedeutsamen ersten Jahre der Fünfziger. „Und die Initiative war ja nicht schlecht. Es haben ja viele profitiert davon. Als Weberinnen haben wir nicht so viel verdient. Das will ich gleich sagen." Das genaue Jahr der Hockauf-Initiative kann sie nur vage hervorholen. „29.09., das weiß ich noch. Aber war es '53 oder '54?". Ich nenne das richtige Jahr, sie dankt.
Auch Martha Kunert weiß von Frauen, die noch vor Frida Hockauf wegen der Abgabe einer Verpflichtungserklärung, mehr Stoff zu weben, angesprochen wurden und ablehnten. „Die sollten diesen Aufruf geben. Und die Frida hat dann gesagt: Naja, das mache ich schon." Diesen Satz gibt die einstige Kollegin in einer Tonlage wieder, die auffällig Gleichgültigkeit ausdrückt. „Die hat sich auch nichts darunter vorgestellt", begründet Martha Kunert. „Dass das einmal so eine Weltsache wird für die Frida, das hat sie nicht gewusst. Auf keinen Fall! Hinterher hat sie immer gesagt: Ach du meine Herren, wo ich überall hin muss! Und sie hatte es nicht leicht bei den vier Webstühlen. Sie hatte damals den Max Feurich als Meister. Gemeinsam mit dem Herrn Frieser hat er ihr viel geholfen." Es musste aufgepasst werden, dass niemand etwa mutwillige Zerstörungen an den

Webstühlen vornahm. Nach dem Aufruf soll das vorgekommen sein. „Da waren Fäden gerissen", bestätigt Martha Kunert, „alles das, was man als Weberin kennt. Als Sabotage wurde das dann ausgelegt nach ihrem Aufruf. Sie hatte schon zu kämpfen, dass das mit den Metern klappte, dass es genannt werden konnte, dass sie das vollbracht hat. Das stimmt auf alle Fälle. Als das erfüllt war, hatte sie das dann auf einem großen Transparent über ihren Webstühlen stehen." Ein geführter Plan der betrieblichen Parteileitung. Und die Losung? „Das haben sie bestimmt vorgeschrieben. Das glaube ich."
Der Leistungssteigerung prinzipiell stimmt Martha Kunert nachträglich zu. „Zu der damaligen Zeit war das, wie ich es auch heute noch sehe, richtig in der DDR, um die Leute hier zu mobilisieren. Das waren ja alles meistens Umsiedler. Wir waren ja alle Umsiedler. Für uns war das ja was Neues. Und wenn ich jetzt so zurückdenke, war ich auch froh darüber. Ich war ja vorher nicht Weberin. In der Tschechei war ich im Kindergarten." Als Hilfskindergärtnerin habe die im damaligen sudetendeutschen Kunnersdorf Gebürtige gearbeitet. „Und dann wurden wir ausgewiesen '46 und kamen hierher durch einen besonderen Umzug, einen Zuzug durch einen Onkel. Wir mussten auf dem Arbeitsamt unterschreiben, dass wir Weber sind. Da haben wir gesagt: Wir sind nicht Weber, aber wir wollen es lernen. Und da haben wir am 22. August 1946 in der 'Mechanischen' angefangen." Das war nur zwölf Tage nach ihrer Ankunft im künftigen Heimatdorf Oybin im Zittauer Gebirge. Erst im Juli hatte sie, von Mecklenburg kommend, ihre Vertreibungsodyssee beendet. „Damals war es die 'Mechanische Weberei', ehe es Kombinat wurde. Das war ja später. Wir waren froh, dass wir Arbeit kriegten. Wir hatten ja nichts. Mit einem Taschentuch haben wir wieder angefangen hier. Nur wenn es läuft, geht es allen besser", formt Martha Kunert den berühmten Appell um. Weberin, fügt sie hinzu, sei sie jedoch nicht durchgängig bis zu ihrem Rentenbeginn 1983 gewesen. „Ich hatte 1965 einen Herzanfall und musste zur Kur. Anschließend hat man mich dann in die Verwaltung geholt. In der Wettbewerbskommission war ich. Dort habe ich die Wettbewerbssache, die hier ins Leben gerufen wurde, für die Weberei ausgewertet. Mit einem Kollektiv natürlich, ich nicht allein." Dieser Umstand brachte sie wieder an einen gemeinsamen Arbeitsplatz mit ihrer ehemaligen Brigade-Kollegin Frida Hockauf. „Die Frida war ja dann auch schon

älter. Ich will mal sagen, das war der dann langsam viel, das viele Reisen. Einmal hat sie mir gesagt: Das kann aufhören, ich komme ja gar nicht mehr zu meiner Weberei. Die war viel unterwegs. Auch in der Volkskammer war sie ja." In dieser Funktion soll sie in Abständen im Betrieb zu erleben gewesen sein. „Wenn wir Versammlung hatten, war die Frida immer mit vorn im Präsidium und hat dann sagen müssen, was neu war in der Volkskammer. Das musste sie auswerten. Da haben sie auch geholfen dabei, das ist ja klar. Aber sie hat immer betont, dass es eben vorwärts gehen muss. Naja, sie hat immer wieder mal neuen Auftrieb gegeben. Das kam von der Frida, auf alle Fälle."
Ihre innerste Überzeugung war es, ist sich Martha Kunert sicher. „Sie hat das ja erlebt, die hat das ja gehört dort in Berlin, und das wollte sie weitergeben. Auch der Werkleiter hat immer gefragt, was es Neues gab und was wieder in Angriff genommen werden müsste." Ging sie mit Problemen offen um, frage ich. „Das hat sie auch gesagt. Sie war auch kritisch. Sie hat immer gesagt, das muss verändert werden und dies oder jenes gefällt mir nicht. Das hat sie dann immer dem Werkleiter mit erklärt. Das stimmt." Darauf wurde reagiert damals, so Martha Kunert. „Denn sie wussten ja, sie fährt wieder hin und sie musste dann immer sagen, hier bei uns tut sich nichts oder bei uns hat es sich geändert. Also, sie hat manchmal kritisiert. Vielleicht mitunter auch ungern. Bei manchem haben sie dann gesagt: Die hat immer was auszusetzen. Wir waren ja alle dabei, wir haben es ja gesehen. Ach, ich sehe die immer noch in der Schürze dort stehen. Man kann nicht sagen, dass sie irgendwie überheblich gewesen wäre. Das ist nicht wahr."
Anlässlich der zahlreichen Auszeichnungen lud man auch einmal die Brigade ein: „Wir waren einmal im ‚Volkshaus' mit der Frida. Da war der Hennecke da. Und in ihre Wohnung waren wir auch eingeladen...." Martha Kunert überlegt. Zu lange ist das alles schon her. Den Anlass bildete die Verleihung einer Auszeichnung im Jahr 1954. Das muss das Jahr gewesen sein, in dem Fridas Tochter in der sowjetischen Hauptstadt war, kramt Martha Kunert. „Und von Moskau schickte die da sicherlich Päckchen. Jedenfalls kriegten wir Kaviar, den hatte sie auf Schnitten gemacht. Es war was ganz Besonderes, weil es von Moskau kam. Und wir kriegten das damals! Wir hatten Hunger, es war noch eine schlechte Zeit. Das sehe ich heute noch. Acht waren wir von der Brigade. Und dann hatte sie noch Gäste

eingeladen, die mit an der langen Tafel saßen. Aber dass wir so was essen sollten und durften und konnten – das werde ich nie vergessen! Das war eben was Besonderes." Ein Foto von der Feierrunde musste das Schicksal der anderen Erinnerungsdinge von Martha Kunert teilen.

Mit einem Mal lässt die alte Frau dankbare Freude spüren, jene Zeit – ihre Zeit – beschreiben zu dürfen. „Man erinnert sich wieder so sehr an die Zeit, wenn man davon spricht. Wie arm wir gelebt haben! Die Frida brachte das Essen mit. Wir haben in der Schmiede auf so einem langen Rohr das Essen gewärmt. Halb elf hatten wir Mittag. Da waren wir glücklich, wenn wir die Kartoffeln oder was holen konnten. Also nein, wenn man an die Zeit denkt... Und trotzdem sage ich, das war richtig und wichtig, dass das in die Welt kam, dass es gemacht wurde. Aber die Frida... Das darf man nicht sagen, dass sie überheblich oder das oder jenes war. Im Gegenteil. Die wurde auch geschützt von ihrem Mann. Der hat sie immer abgeholt. Das musste dann sein." War das wirklich nötig nach dem Wettbewerbsaufruf? „Ja, es war dann gefährlich. Das hatte sich herumgesprochen und dann gab es, wie heute auch, Neider. Da wurde sie dann immer abgeholt." Das soll, vermutet Martha Kunert, im besonderen ihre Tochter gewollt haben, dass der Vater die Mutter auf den Wegen zum und vom Betrieb begleitet.

Im Werk habe man später ein Hockauf-Kabinett eingerichtet. „Und dort war ihr Bild." Gäste wurden zu entsprechenden Anlässen dorthin geführt. Kopfnickend hebt Martha Kunert die Häufigkeit hervor: „Da kamen schon Gäste. Ob Zeitung, ob das oder das. Da waren immer welche da, von Berlin und so. Aber da waren wir nicht dabei." Zeitungsveröffentlichungen soll Frida Hockauf generell sehr argwöhnisch gegenübergestanden haben. „Tut mir ja nicht Zeug reinschreiben, was nicht wahr ist, hat sie dann immer gesagt." Das Gewerkschaftsblatt „Tribüne" wäre ein fast ständiger Begleiter der Weberin gewesen. Der Redakteur sei kaum von ihrer Seite gewichen, habe keine Großveranstaltung ausgelassen. Eine Episode scheint Martha Kunert immer noch Unbehagen zu bereiten: „Ich war auf der Gewerkschaftsschule in Ballenstedt, da hieß es, die Frida Hockauf ist zu einer Frauentagsveranstaltung eingeladen. Ich sollte auch zu diesem Kongress mit vielen Kapazitäten nach Berlin. Mich haben sie deshalb von der Gewerkschaftsschule abgeholt." Mit Frida war ein Treff an einem Berliner Autobahnkreuz verabredet worden, um gemeinsam anreisen zu können. „Und die

Frida, die kam zu spät. Jedenfalls sind wir zu dem Kongress zu spät gekommen. Alles wartete schon. Sagenhaft! Wir konnten uns auch nicht mehr umziehen. Wir mussten in der Straßenkleidung, wie wir gefahren waren, dort rein. Auch der Frida war das unangenehm. Die musste ja dann rauf ins Kongresspräsidium. Es hatte ja jeder seinen Platz." Die Peinlichkeit in Martha Kunerts Stimme weicht wieder. „Sie war viel in Berlin, das will ich sagen. Auch zu den anderen Kongressen, wie die alle hießen. Sie war dann immerzu fort."
In welchem Jahr Frida Hockauf in Rente ging, weiß die 81-Jährige nicht mehr. Eine Feierlichkeit im Betrieb aus diesem Anlass erinnert sie noch: „So eine Frau, die 'Held der Arbeit' ist, die muss man doch verabschieden. Das geht doch nicht anders. Das haben die schon gemacht. Da waren die Leitungen von überall her dabei." Martha Kunert bricht den Gedanken ab. Das Erinnerungsvermögen stößt an Grenzen. Ihren Ärger darüber kann die Frau nicht verbergen. „Ich weiß das nicht mehr." Beinahe entschuldigend fügt sie hinzu: „Es ist schon so lange her."
Wären die Dokumente nicht vernichtet, bemerkt sie traurig, hätte sie sich noch manches aus damaliger Zeit vergegenwärtigen können. Ob die alte Brigade die Rentnerin Hockauf zu Hause besucht hat? „Wir haben sie schon besucht, aber die Frida wollte das dann nicht mehr. Die war ja schon krank."

... *vor dem Bücherschrank in der Wohnung um 1967*

Eine Art Betreuerin seitens des Betriebes, wie Martha Kunert vermutete, habe es nicht gegeben, stellt ein weiterer Zeuge jener Jahrzehnte richtig. „Ich glaube auch", begründet Dietrich Thümmler, „dass die damals gesellschaftlichen Organisationen, Partei, Gewerkschaft, Frauenausschuss und so, sich das nicht aus der Hand haben nehmen lassen. Das haben die von der Spitze weg gemacht. Wenn mal Geburtstage waren, irgendwelche Gedenktage oder Betriebsveranstaltungen, wo man sie gern gesehen hat, haben die sie geholt, eingeladen, chauffiert und so weiter. Ich kenne jedenfalls niemanden, der direkt den Auftrag hatte, sie regelmäßig zu besuchen oder zu betreuen. Das war eigentlich nicht üblich. Auch nicht bei anderen Persönlichkeiten, die hohe Auszeichnungen hatten, die wir auch bevorzugt immer eingeladen oder besucht haben." In den Jahren 1972 bis 1991 war Dietrich Thümmler Direktor und stellvertretender Direktor des TKZ Zittau, zu dem Frida Hockaufs „Werk 6" gehörte.

Über seine berühmteste Weberin weiß der Direktor wenig. „Weil sie eine sehr bescheidene Frau war, die um ihre Person wenig hergemacht hat. Ihr war es eigentlich immer zuviel, wenn die Leute kamen und sagten, wir haben hier eine Veranstaltung, könnten Sie mal mit auftreten und was mit sagen. Da war sie immer sehr zurückhaltend, weil ihr das nicht lag. Sie wurde damals eben ausgewählt als Arbeiterpersönlichkeit, die Vertrauen hatte und ehrlich und einfach war, um für die Bewegung zu stehen. Das hat sie auch gemacht und das hat sie vertreten. Aber das wurde mit zunehmendem Alter, wo sie dann raus war aus dem Betrieb, als Rentnerin, an sich auch schlechter. Auf eine Veranstaltung, so Mitte der siebziger Jahre, besinne ich mich noch. Vielleicht war es der zwanzigste Jahrestag der Bewegung. Da wurde in dem ‚Werk 6' noch einmal eine ordentliche Festveranstaltung durchgeführt. Ich glaube, dabei wurden das Hockauf-Kabinett eingeweiht und ein Straßenname vergeben. Da wurde die ehemalige Zittauer 'Ziegelstraße' in 'Frida-Hockauf-Straße' umbenannt. Das war damals eine in Entwicklung befindliche Straße. Vorher waren dort Gärtnereien rechts und links, und nun wurde diese Straße neu bebaut mit einer Kaufhalle, mit Post und solchen Dienstleistungseinrichtungen. Auf der anderen Seite entstanden Wohnblöcke. Ich glaube, dass das der Zusammenhang war; man hat den ganzen Straßenzug aufgewertet und ihn in 'Frida-

Hockauf-Straße' umbenannt. Da war sie zugegen. Im Vorfeld ist sie da immer wieder konsultiert worden.
Am meisten eingespannt, glaube ich, war sie in die Patenklassen-Tätigkeit. Das waren Kreise, wo sie sich wohl fühlte. Das waren nicht so hoch gestellte Persönlichkeiten, eben eine einfache Umgebung, aus der sie auch stammte." Ihren Standpunkt soll sie wo auch immer vertreten haben: „Eine Linke war es auf jeden Fall. Das war aus allen Reden zu erkennen. Aber nicht so vordergründig, nicht so überpatriotisch, nicht ganz so formal. Auf alle Fälle hat sie immer auf dem Boden der sozialistischen oder für sie vielleicht kommunistischen Bewegung gestanden. Sie hat sich auch nicht die Butter vom Brot nehmen lassen. Bei Gesprächen, vor allem mit jungen Leuten, hat sie immer ganz bewusst einen fortschrittlichen Standpunkt vertreten. Dort hat sie die Bewegung, also ihre Tat, dargelegt und begründet. Das war ganz normal, aber eben auf ihrer einfachen Basis. Wenn wir weiterkommen wollen, müssen wir besser arbeiten. Genau wie der Satz ist, genauso hat sie es dargelegt. Das war ihre ehrliche Meinung. Insofern stimmte das schon voll überein. Sie stand dahinter. Sie hat es vielleicht so nicht erfunden, ich vermute das mal so. Aber sie war dafür prädestiniert und stand dafür ein."
Die Beerdigung hat der ehemalige Kombinatsdirektor noch im Gedächtnis: „Die wurde in größerem Rahmen durchgeführt, wo auch ihre Tochter und der Enkelsohn da waren, die wir dann kennen gelernt haben. Ich jedenfalls. Aber persönliche Begebenheiten, die ich jetzt hier anführen könnte, persönliche Erlebnisse direkt oder persönlicher Kontakt, also da war das und jenes und da könnte man jetzt noch ausführlicher berichten, das ist schwer. Das war nicht so üppig. Vielleicht war ich da nicht so nah dran als Direktor des Betriebes. Sie hatte vielleicht in anderen Kreisen ihres Betriebes verkehrt. Das könnte eher sein.
Ich entsinne mich noch an eine Auswertungsveranstaltung auf Partei- und Gewerkschaftsebene im 'Volkshaus' in Zittau, wo sie gerade von ihrer Auszeichnung 'Held der Arbeit' aus Berlin mit dem damaligen Werkdirektor Streit zurückgekommen war. In Berlin hatte sie Kontakt mit Wilhelm Pieck. Und im 'Volkshaus' erklärte sie sinngemäß: Als ich mit Streit bei Pieck war, hat er mich gefragt, wie es geht mit der Arbeit. Und da habe ich ihm halt gesagt, die Pfeifen müssten größer sein." Dietrich Thümm-

ler bemüht sich, diesen Satz wenigstens teilweise in Oberlausitzer Mundart wiederzugeben. „Sie hatte ja auch diese Sprache, die hier so üblich war, das ‚Oberlausitzsche'. Ein bisschen deftig, nicht ganz so schlimm geprägt wie in Ebersbach und Neugersdorf. Wobei Zittau nicht ganz so ‚Oberlausitzsch' spricht, aber eben so gefärbt." Lächelnd betont der Rentner, dass mit den „Pfeifen" die Schussspulen, die in den Schützen der Webstühle steckten, gemeint waren. „Die Schussspulen hatten damals eine geringe Größe und mussten aufgrund ihrer wenigen Fadenlaufmeter oft gewechselt werden. Jeder Wechsel bedeutete Stillstand. Da hat sie eben gesagt, wenn wir noch mehr leisten wollen, müssen die Spulen größer sein. Voraussetzung dafür war aber, dass die Schützen, die die Spulen aufnehmen, auch größer sein mussten und gewisse Umbauten nötig waren. Das wurde damals in Angriff genommen und wurde vom Werkdirektor in Berlin sicherlich gesagt. Aber es war ihre Sorge. Sie möchte gern noch mehr machen und kann nicht, weil die Technik sie daran hindert, weil bestimmte Voraussetzungen fehlen, und wenn es eben die ‚Pfeifel' sind. So war sie. So einfach war die Frau."

Die ernst gemeinte Verbesserungsidee war ihre ganz eigene. Ein Zutun aus betrieblichen oder parteilichen Leitungskreisen habe es nicht gegeben, versichert der 71-Jährige und holt den Inhalt einer Mappe hervor: Fotos aus den Fünfzigern im zeitgemäß schlichten Schwarzweiß. „Das ist eine Fotoserie, die gemacht worden ist, als sie von Berlin zurück war und nun die Auswertung wegen der Spulengröße durchgeführt wurde, wegen der 'Pfeifel' in den Schützen." Überwiegend Frida Hockauf und die für die Umsetzung ihrer Idee Verantwortlichen bilden die Aufnahmen ab. Ein Foto zeigt die Spulen im Größenvergleich und ihr Einlegen in den Schützen. Mir wird klar, dass es sich bei den Bildern durchaus um die letzten Originaldokumente aus den Tagen der Oberlausitzer Aktivistenbewegung handeln könnte.

„Adolf Hennecke war damals der Ausgangspunkt", erklärt Dietrich Thümmler. „Da musste im Textil auch was gefunden werden: Arbeitsproduktivität steigern, mehr arbeiten, Normen verändern. Das war so damals die Bewegung. Und da wurde sie eben ins Bild gerückt. Ob sie den Satz selber erfunden hat? Ich nehme mehr an, das war eben so zeitgemäß. Und den Satz 'So wie wir heute arbeiten, werden wir morgen leben' und alles, was da herum noch war, haben ihr eben Funktionäre nahe gebracht.

Ich glaube schon, dass das aus dem Werk gekommen ist, aber eben ein bisschen von Funktionären inszeniert. Der Werkdirektor Streit, der damals dort fungierte, hat diese Bewegung maßgeblich begleitet, auch propagiert und so ein bisschen geführt. Also, sie hatte auch allerhand auszustehen, denn viele Werktätige um sie herum waren nicht einverstanden. Es waren nicht alle dafür, dass die Normen gebrochen wurden. Viele haben sie als Arbeiterverräter beschimpft. Manche haben ihr Kettfäden zerschnitten, andere haben Löcher in die Ware gestochen. Es waren doch schon gegnerische Strömungen, so dass die Kriminalpolizei im Betrieb war und untersuchen musste." Dietrich Thümmler weiß von ein paar besonders heftigen Tagen, wo sie auf dem Weg zum und vom Werk geschützt wurde. „Das hatte sich dann wieder gelegt. Aber es waren echte Aktivitäten vorhanden, bis zu Sabotageakten hin."

Am 24. April 1954 hatte dann Walter Ulbricht, damals 1. Sekretär des Zentralkomitees der SED, den noch VEB Mechanische Weberei genannten Betrieb besucht. Ein aufbewahrter Artikel der Sächsischen Zeitung listet die Geschehnisse dieses Tag auf. Mehr weiß Dietrich Thümmler nicht. Dafür aber, dass der mechanische Webstuhl Frida Hockaufs im Bonner Haus der Geschichte stehen soll. Davon habe er im Zusammenhang mit der Suche nach einem ganz anderen Erinnerungsstück zufällig erfahren. Ursprünglich, sagt der 71-Jährige, habe sich ein Museumsmitarbeiter bei ihm nach einer zu DDR-Zeiten geschaffenen Büste von Frida Hockauf erkundigt. Deren Verbleib stellt ein mindestens ebenso großes Rätsel für Thümmler dar wie der Weg des Webstuhls von Zittau in das Haus der Geschichte.

Während der ehemalige Direktor Pläne für eine Dokumentation der Kombinatsgeschichte und eine Ausstellung darlegt, wechseln meine Blicke zu den Fotos. Eigentlich nur winzige, im Bruchteil einer Sekunde festgehaltene öffentliche Momente eines doch viel umfassenderen Lebens, dessen ganz persönliche Seite sich noch immer weitestgehend verbirgt. Woran kann das liegen? Zurückhaltung als menschliche Eigenschaft, überlege ich, mag nach allem, was mir bisher bekannt geworden ist, durchaus auf die Aktivistin zutreffen. Offensichtlich so konsequent zur Lebensmaxime erklärt, dass nahezu überhaupt keine Spur aus dem betrieblichen und gesellschaftlichen Wirken der Weberin in die private Sphäre führen will. Jedenfalls nicht aus dem Kreis der befragten ehemaligen Kollegen. Oder wusste man vielleicht doch um Dinge, über die man aufgrund ungesicherter Kenntnisse oder einfach der Rücksicht und Höflichkeit halber auch Jahrzehnte später nicht sprechen wollte? Das Zuhause müsste den weiterführenden Ansatz bringen.

... in der Wohnung um 1970

„Der Herr Müller ist der einzige von den damaligen Mietern, der noch hier wohnt", überlegt Angela Tietze, bei der ich nun nochmals nachfrage. „Aber", fügt die Ehefrau des Elektromeisters grübelnd hinzu, „es könnte noch ein älteres Ehepaar geben, das vielleicht was weiß. Vor Jahren sind sie hier ausgezogen. Die wohnten aber schon hier, als die Frida noch lebte." Ich bekomme eine Notiz mit dem Namen und einer ungefähren Beschreibung des Wohnorts.

Tage später, nach ein paar fehlgeschlagenen Anläufen, gelingt endlich eine Verabredung zu einem Gespräch. Ein Rentnerehepaar im hohen Alter. Nach ein paar Worten weiß ich, dass ich diejenigen gefunden habe, die ich so lange suchte. Vor allem über die letzten Lebensjahre von Frida Hockauf können Anna und Gerhard Neumann erzählen. Das Gespräch vom 11. Januar 2005 im Wortlaut*

Sie waren Nachbarn der Familie Hockauf in der Rosa-Luxemburg-Straße. Von welchem Jahr ab?

GERHARD NEUMANN: Seit 1960, am 15. Januar.

ANNA NEUMANN: Aber wir hatten am Anfang keinen Kontakt zu der Familie gehabt.

GERHARD NEUMANN: Wir kannten sie damals nur dem Namen nach. Kontakt kam dann erst so ungefähr 1967/68.

ANNA NEUMANN: Ein bisschen eher schon, denn da ging es ja schon mit dem Garten los.

GERHARD NEUMANN: Naja, das kann auch schon '65 gewesen sein. Wir haben uns zwar unterhalten, wenn wir uns auf der Treppe getroffen haben oder so. Aber 1967/68 ging das mit dieser Krankheit (bei Frida Hockauf, d.A.) los. Und da ist er (Alfred Hockauf, d.A.) ja mal runter gekommen und dann bist du hoch. Aber das musst du dann erzählen. Ich kann mich bloß noch entsinnen, dass es Ende der sechziger Jahre war.

ANNA NEUMANN: Hauptsächlich sind wir in Kontakt gekommen durch meinen Beruf, weil ich Krankenschwester war. Und sie war herzkrank gewesen. Sie war in Behandlung beim Dr. M. (Name d.A. bekannt), und der ist auch regelmäßig zu ihr gekommen. Dann ging es hauptsächlich um das Spritzen. Sie musste Spritzen kriegen. Da wurde ich gefragt, ob ich das übernehmen würde, und da bin ich dann immer hoch gegangen zu ihr und habe sie gespritzt. Dadurch, dass ich sie näher kennen gelernt habe, kam er auch runter, wenn es ihr ganz schlecht ging und holte mich hoch. Einmal abends war ich so erschrocken: Da lag sie im Bett, nicht ein einziges Haar am Kopf. Die war so blass und der Kopf dann so. Ich konnte erst gar nicht handeln. Dann hatte ich den Arzt geholt. Es ging ihr schlecht damals. Sie hatte sich aber später wieder aufgerafft, und dann hat sie mir auch so manches immer erzählt von ihrer ganzen Sache mit dem Betrieb. Da gab es auch von ihrer Seite gesehen Schwierigkeiten, die sie sonst niemandem erzählt hatte. Es war immer so: Sie durfte nur das sagen, was ihr gesagt wurde. Da stand immer einer neben ihr, wenn die Kamera an war und gab vor: Sage das und das. Also, es wurde alles vorgegeben. Im Grunde war sie zu bedauern, die Frau.

Das hat ihr richtig zu schaffen gemacht?

ANNA NEUMANN: Es war ja so schlimm. Klar: Den Arbeitern haben sie die Norm hochgeschraubt. Aber das kam gar nicht nur allein von ihr. Sie haben sie dazu getrieben, denn der Betrieb hatte auch seinen Nutzen davon gehabt, von der ganzen Prämie und alles. Sie haben sie ja sozusagen überall herumgeführt und vorgeführt. Einmal ist sie in einem Görlitzer Textilbetrieb gewesen, hat sie mir mal erzählt. Da ist sie reingekommen und hat die Maschine überhaupt nicht gekannt. Dort sollte sie aber die Arbeit vormachen. Letztendlich ging die Betriebsleitung irgendwie dazwischen, denn die merkten, dass es wirklich nicht hinhaute. Da haben sie gesagt, es ist keine Zeit mehr, haben kurz darüber gesprochen und sind wieder raus. Sie selbst konnte an der Maschine überhaupt nicht arbeiten.

Von vielen habe ich gehört, dass die mit ihr so bekannt gewordenen Worte „So wie wir heute arbeiten, werden wir morgen leben" ihre persönliche Einstellung auf jeden Fall ehrlich widerspiegelte. Sehen Sie das so?

ANNA NEUMANN: Ja, weil es eine richtig Arbeiterin war. Das Arbeiten war doch so in ihr. Sie hat das eben auch so verstanden. Und dann war es so, dass sie sich abends nicht mehr auf der Straße zeigen konnte und nichts. Sie wurde ja mit Eiern beschmissen und allem.

GERHARD NEUMANN: Auch mit Steinen.

ANNA NEUMANN: Der Mann und der Polizeischutz mussten manchmal helfen, wenn sie abends unterwegs war. Wenn sie

Spätschicht hatte, hat er sie immer abgeholt.

Auch noch in den Sechzigern?

ANNA NEUMANN: Ja, ja. Das kam ja dann erst alles.

GERHARD NEUMANN: Ganz später dann nicht mehr. Das war eher so Anfang der sechziger Jahre hauptsächlich. Wie sie dann in der Gewerkschaftsleitung war, da habe ich eigentlich nichts mehr gehört.

Ich habe erfahren, dass es in der Zeit nach ihrem Aufruf 1953 für sie gefährlich gewesen sein soll. Da hätte es Sabotagehandlungen gegeben. Man soll ihr Kettfäden und Stoffe zerstört haben.

ANNA NEUMANN: Aber später auch noch. Ihr Mann ist ja meistens mitgefahren, wenn die sie irgendwo als Vorführdame hinbestellt haben. Und die letzte Zeit war es dann so, dass das Auto, was sie abholte, meistens schon voll war. Denn die Betriebsleitung oder die Sekretärinnen wollten ja auch hin und wieder mitfahren. Und da haben sie zum Mann gesagt: Du bleibst zu Hause. Sie saß drin, und da sind sie eben losgefahren. Also, die war immer unter Zwang, die Frau.

GERHARD NEUMANN: Aber eines muss man auch sehen: Als Volkskammerabgeordnete hatte sie manchmal, wenn man sich mal so ausdrücken will, weil sie ja nun doch jemand war, eine etwas andere Einstellung gehabt. Und das hat uns gar nicht geschmeckt. Wenn wir das gewusst hätten, hätten wir damals einen Rückzieher gemacht. Sie war immer in Bad Liebenwerda zur Herzkur... Das musst du dann erzählen, denn das hat sie zu dir persönlich gesagt.

ANNA NEUMANN: Du meinst jetzt, dass das der Pöbel ist?

GERHARD NEUMANN: Der Pöbel, ja.

ANNA NEUMANN: Die ganze Sache mit ihr hat sie dann doch etwas umgewandelt. Aber erst dann.

GERHARD NEUMANN: Später.

ANNA NEUMANN: Sie hat es ja oft wirklich sehr schwer gehabt. Sie konnte sich nirgends zeigen, hatte keine Bekanntschaft, keine Verwandtschaft. Es kam ja keiner mehr hin.

Und die Tochter?

ANNA NEUMANN: Die war ja in Leipzig. Da muss ich folgendes sagen: Er war ja VdN (Verfolgter des Naziregimes, d.A.). Der hatte deshalb diese Zusatzrente gehabt. Das hat sie mir mal gesagt. Davon hat er jeden Monat die Hälfte der Tochter geschickt.

Sie hat in Russland studiert. Sonst hat sie sich kaum gekümmert. Der Junge war viel bei Oma und Opa. Nur zuletzt war er nicht mehr da. Die konnten ja schon beide nicht mehr. Der Herr Hockauf war ja eben Trinker. Wenn sie nicht mehr zurechtkam, weil er wieder mal aus dem Bett gefallen war, da kam sie runter und hat mich geholt, ob ich ihr helfe.

Alfred Hockauf war beruflich bei der Kriminalpolizei?

GERHARD NEUMANN: Ich glaube, als Fotograf war er dort eingesetzt.

Als Tatort-Fotograf?

GERHARD NEUMANN: Ja, ja. So könnte man das bezeichnen.

ANNA NEUMANN: Der war ja wirklich Alkoholiker. Und deshalb wurde es bei ihr immer schlimmer. Immer schlimmer! Sie konnte ja nicht ins Krankenhaus wegen ihm. Sie konnte ihn schließlich nicht allein lassen. Und da haben wir das mit dem Dr. M. besprochen, wie wir das am besten machen. Der hat sich viel Mühe gegeben. Das war dann so: Ich habe es dem Doktor gemeldet, dass es gesundheitlich mit den beiden nicht mehr so weitergehen kann. Sie schafft es nicht mehr und er schafft es nicht mehr. Und da ist hauptsächlich Dr. M. zu dem Entschluss gekommen, dass wir sie einweisen und in diesem Rahmen ihn auch mitnehmen. Da haben sie ihn aber nicht auf eine andere Station ins Zittauer Krankenhaus gebracht, wie man es der Frida gesagt hatte, sondern es war ausgemacht, dass er nach Großschweidnitz zur Entziehung kommt. Aber das durfte sie überhaupt nicht wissen, wegen ihres Herzens. Aus medizinischer Sicht hatte man Angst, dass es ihr Ende sein würde. Dann war sie im Krankenhaus und er in Großschweidnitz. Sie wollte natürlich immer mal was über ihren Mann wissen. Niemand hat ihr etwas verraten. Die haben immer erzählt, dem geht es gut, der ist auf der Station. Erst die Reinigungsfrau der Station, der die Frida das ja auch immer vorgejammert hatte, die hat ihr dann gesagt, ihr Mann ist gar nicht hier, der ist in Großschweidnitz zur Entziehung. Das hat ihr das Herz gebrochen. Daraufhin ist sie gestorben.

Das war dann der 30. Januar 1974?

ANNA NEUMANN: Das war ihr Ende.

GERHARD NEUMANN: Er ist ja dann '75 oder '76 gestorben?

Erst 1977.

Gerhard Neumann: Drei Jahre. Habe ich doch immer gesagt.

Anna Neumann: So lange war er in Großschweidnitz.

Gerhard Neumann: Also, er war nicht nur in Großschweidnitz, sondern im Heim an der Zittauer Weberkreuzung (bei der Weberkirche, d.A.).

Und wie lange war sie insgesamt im Krankenhaus?

Anna Neumann: Nicht lange. Vielleicht zwei oder drei Wochen, wenn es überhaupt so lange war. Sobald sie das erfahren hatte, war es alle. Sie wäre vielleicht sowieso gestorben. Aber man hätte es ihr nicht sagen müssen.

Wohnte sie bis zuletzt in der Rosa-Luxemburg-Straße?

Gerhard Neumann: Sie wohnte immer oben unter dem Dach. Wenn man die Treppe hochkommt, kommt man gleich auf eine Tür zu. Das ist heute etwas verändert. Rechts davon war ihre Wohnung. Da waren alles schräge Wände. Es war eine ganz normale Wohnung.

Anna Neumann: Trotz der Schräge war alles schön eingerichtet. Da hatte sie auch etliche Auszeichnungen gehabt. Vieles ist ja in ihren damaligen Betrieb geflossen. Sie hatte kaum etwas davon. Deshalb war sie auch immer verrückt. Nur einmal hat sie als Auszeichnung im Garten eine Laube gebaut bekommen. Den Garten haben wir jetzt.

Gerhard Neumann: Ich weiß gar nicht, aus welchem Anlass das gewesen ist. Hatte sie den Vaterländischen Verdienstorden gekriegt? Man darf sich nicht vorstellen, dass die Laube ein großes Ding war. Da waren Forstbetriebe, die haben 3,20 Meter mal 7 Meter was hingebaut. Selbst wenn man auf der gegenüberliegenden entfernteren Gartenseite stand, konnte man noch durch die Bretterritzen der Laube gucken.

Anna Neumann: Aber damals war das eine schöne Arbeit.

Gerhard Neumann: Schön, ja. Erst war es so: Sie kam uns fragen, ob wir ihr nicht helfen könnten im Garten. Da haben wir gesagt: Gut, ja.

Anna Neumann: Naja, als sie nicht mehr in den Garten konnten, wollten sie ihn auch noch nicht abgeben. Da haben sie gefragt, ob wir ernten und machen könnten. Ihr zuliebe haben wir das gemacht.

Sie hatten vorher noch keinen Garten?

ANNA NEUMANN: Genau. Wir haben ihren dann später mittels Kauf übernommen.

GERHARD NEUMANN: Wir hatten uns damals gerade einen Trabant zugelegt, einen Kombi. Da sind wir mit ihr ein paar Mal auf den Hutberg (den Großschönauer Hutberg, d.A.) gefahren und durch das Gebirge. Da war die Frida immer sehr dankbar. Sie ist gern mitgefahren. Es war eben eine einfache Frau. Eines muss man ganz ehrlich sagen: Die Tochter hat sich um ihre Eltern gar nicht gekümmert. Fast gar nicht. Die ist ganz, ganz selten hier gewesen.

Lag es vielleicht an der größeren Entfernung?

GERHARD NEUMANN: Das wirkte sich natürlich ein bisschen aus.

ANNA NEUMANN: Sie kam nicht so richtig klar mit dem Vater.

Wie kam Frida Hockaufs Mann in der Öffentlichkeit an?

GERHARD NEUMANN: Was vorher war, wissen wir nicht. Wir kannten ihn nur so ab 1960. Der war unten in der Gartenanlage nicht beliebt. Die Gartenfreunde sagten immer wieder: Mit der Frida kann man ganz gut auskommen. Aber mit dem Alfred? Das ist ein alter Stinkstiefel. Er hat mit dazu beigetragen, dass manche Leute über die VdN-er ganz schlecht geredet haben. Er fuhr immer Moped. Und natürlich fuhr er auch immer betrunken. Nun war er noch bei der Polizei. Das hat hier in Zittau ganz schöne Wellen geschlagen. Da waren viele, die sagten: Guck mal an, der darf das, weil er eben das und das und das ist. Er wurde auch im Haus manchmal rabiat. Neben uns wohnte eine alte Frau. Das war eine bisschen lebenslustige Dame. Der ihr Mann war damals schon tot. Sie war dann manchmal auch nicht gerade nüchtern, genau wie Fridas Mann. Und wie es dann so ist, haben sich die beiden in die Haare gekriegt im Hausflur. Also, es war grotesk manchmal.

ANNA NEUMANN: Aber auf alle Fälle: Die Frida war im Alter zu bedauern. Keine Freunde, nichts, gar nichts, und dann dieser Mann.

GERHARD NEUMANN: Auch von der Verwandtschaft war keiner da. Sie hatte nämlich hier direkte Verwandte. Die Nichte wohnte ja in Zittau.

War Frida Hockauf darüber verärgert, dass sie so für den Textilbetrieb herhalten musste?

ANNA NEUMANN: Doch. Sehr.

Hat sie darüber gesprochen?

Gerhard Neumann: Aber nur mit meiner Frau unter vier Augen. Wenn ich dabei war, wurde nicht viel gesagt.

Anna Neumann: Sie wurde sozusagen getrieben. Und der Betrieb steckt es sich ein, hat sie gesagt. Die haben viel Nutzen gehabt durch sie. Und bei ihr war es ja so, sie hat Normalrente gehabt wie jeder andere. Ich weiß jetzt gar nicht, waren es 180 oder 280 Mark. Und dann bekam sie als Zusatzrente, weil sie bei der Volkskammer war, 80 Mark dazu. Das hat sie mir erzählt. Mehr Rente hatte sie auch nicht.

Gerhard Neumann: Die war ja dann in der Betriebsgewerkschaftsleitung. Naja, wir haben sie dann oft mit runter in den Garten genommen. Da hatte sie sich schön hingesetzt.
Das Fundament der Laube ist heute noch ganz intakt. Ich habe das abgegraben ringsherum und abgeteert, wie das so ist. Ihr Mann hatte natürlich immer einen Fahnenmast drin gehabt und zu den Feiertagen wurde eben die Flagge gehisst. Da war er ganz genau. Klar, er war ja in der KPD (SPD – d.A.) gewesen. Sie war nicht so. Während der Hitler-Zeit wurde er festgenommen und kam dann auch in Haft, weil er damals hier Flugblätter geworfen hatte. Sie war daraufhin ein paar Jahre allein, denn er war in ein Lager gekommen. In der DDR war er mit seinem Namen nicht so groß in Erscheinung getreten neben ihr, weil ja sie im Vordergrund war.
Viele haben sie eben als das angesehen, was sie war: Eine ruhige und ganz bescheidene Arbeiterin. Und so muss man das auch wirklich sehen. Von Grund auf hat sie das 'So wie wir heute arbeiten, werden wir morgen leben' wirklich gemeint. Man hat es ihr vielleicht nur in den Mund gelegt. Was von ihr in der Öffentlichkeit kam, gerade im Fernsehen damals, dafür hatte sie viele Jahre lang einen persönlichen Referenten gehabt. Ich komme nicht mehr auf den Namen. Der kam direkt von Berlin, hat dann auch noch seinen Doktor gemacht. Der hat alles ausgearbeitet für sie. Sie hatte nur eigene Gedanken gebracht, hat sie mir mal gesagt, wenn sie in die Schulen ging, in die Klassen. Dort hat sie frei geredet. Aber wenn sie sonst in der Öffentlichkeit war, hat sie gesagt, was er vorgeschrieben hatte. Nur das hat sie dann wiedergegeben.

Anna Neumann: Sie hat auch ganz schlicht und einfach gelebt.

Gerhard Neumann: Also, das kann man nicht anders sagen. Schließlich haben wir dort in dem Haus mit gewohnt. Man konnte nie sagen, dass sie ankam und hatte Bananen und die anderen nicht. Die hat genauso angestanden und hat eben genauso gewartet, bis sie ein paar Bananen kriegte. Manchmal konnte ich sie dabei sehen auf der anderen Straßenseite.

ANNA NEUMANN: Der Konsum war genau gegenüber.

GERHARD NEUMANN: Erst so '69 kam dann manchmal eine Frau und hat ihr Lebensmittel gebracht, hat also eingekauft für sie. Sie konnte dann nicht mehr so.

Waren Sie bei ihrer Beerdigung dabei?

ANNA NEUMANN: Die war ganz schlicht und einfach.

Kein großer Auflauf?

GERHARD NEUMANN: Ganz wenige Leute waren dabei. Das waren im höchsten Fall 20 Mann.

Wollte sie es letztendlich selbst, dass das Aufsehen um sie herum abflaut?

ANNA NEUMANN: Sie konnte gesundheitlich nicht mehr. In dem Moment konnte auch der Betrieb nichts mehr von ihr holen. Und wie es dann immer so ist, lässt sich keiner mehr groß blikken.

Wurde sie dann überhaupt noch einmal geholt?

ANNA NEUMANN: Ein paar Mal sind schon noch welche ins Haus gekommen und haben Aufnahmen gemacht zu bestimmten Tagen, zum Beispiel zum Tag der Aktivisten. Da musste sie eben reden, was die ihr vorgegeben haben. Das haben sie noch gemacht. Aber sonst nichts mehr, gar nichts.

Als Krankenschwester waren Sie mit vielen Leuten in Verbindung. Haben die sich vielleicht hin und wieder über Frida Hockauf geäußert?

ANNA NEUMANN: Gar nicht viel.

GERHARD NEUMANN: Wir können bloß von den Leuten im Garten reden.

ANNA NEUMANN: Zu uns kamen ja auch Patienten aus dem Betrieb. Aber da ist kaum mal was gefallen. Gar nichts. Und wenn ich mal angefangen habe und gesagt habe, wir wohnen im berühmten Haus bei der Frida Hockauf, da kam nicht viel auf. Heute auch nicht. Das ist auch mit dem Garten so. Wenn wir manchmal zu jemandem sagen, wir haben einen ganz berühmten Garten, der ist von der Frida Hockauf, da lachen sie. Das ist alles. Das ist vergessen. Wir haben ja ihr Häuschen vorgerichtet.

Das würde sie selbst nicht mehr erkennen.

Sie sagten, dass Frida Hockauf sich zum Lebensende hin doch etwas höher gestellt fühlte.

GERHARD NEUMANN: Ja, das kann man sagen.

Das ist für mich ein deutlicher Widerspruch. War das Verzweiflung? Wie Sie beide aus nächster Nähe erzählen, trat sie doch stets in ihrer einfachen Art auf, hatte keine luxuriös eingerichtete Wohnung.

ANNA NEUMANN: Also wirklich gar nicht.

Warum soll sie andere Menschen, die wie sie selbst tagtäglich an den Maschinen großer Werkhallen standen, mit einem Mal derart herabgewürdigt haben? Gab es vielleicht doch Momente im Alltag, wo sie die andere, bessere war?

ANNA NEUMANN: Die lief in ihrer Kittelschürze herum von früh bis abends. Sie ging einkaufen in der Kittelschürze.

Wie man sie von den Bildern kennt?

ANNA NEUMANN: Genau so.

Und auf einmal soll sie so schlecht gewertet haben?

ANNA NEUMANN: Schlecht kann man ja nicht sagen.

GERHARD NEUMANN: Aber so von oben herunter klang das, als sie da sagte: Naja, der ganze Pöbel da. Schon einige Jahre war sie zu diesem Zeitpunkt in der Volkskammer und auch in der Öffentlichkeit. Man hat gemerkt, dass sie sich nun nicht gerade überheblich, aber doch etwas anders ausdrückte. Sie fühlte sich als etwas Besseres so mit der Zeit.

ANNA NEUMANN: Das mit dem Wort ‚Pöbel' war damals, als sie wieder zu einer ihrer Kuren war. Dieses Mal allerdings in einem anderen Ort als sonst. Da waren alles Arbeiter und keine anderen. Das hat ihr nicht gefallen. Daraufhin sagte sie, dass sie nun nicht mehr fahren will. Wer weiß, was sie ihr alles versprochen hatten. Man weiß das ja alles nicht. Vielleicht wäre sie gar nicht erst gefahren. Das könnte auch noch möglich gewesen sein. Denn ihren Mann hatte sie wegen seiner Trinkerei nicht gern allein gelassen. Sie wäre auch nie ins Krankenhaus gegangen, wenn sie ihn nicht mitgenommen hätten. Dr. M. wollte sie vorher schon einmal ins Krankenhaus geben, aber sie ist nicht gegangen.

Sah man Frida Hockauf vielleicht in lebensbedrohlicher Gefahr, dass man so auf einen Krankenhausaufenthalt drängte?

ANNA NEUMANN: Nein. Das kann man nicht vorhersagen. Die beruhigende Behandlung dort war wichtig und vor allem das Zurücknehmen der Belastung. Denn das hat sie so geschafft. Und bei ihm konnte es auch nicht so weitergehen. Der hat ja immer mehr getrunken. Der war dann nur noch betrunken. Ich glaube, die haben der Frida sogar mal die Wohnung weiter unten angeboten, wo wir zuerst drin waren. Aber sie wollte nicht, sie wollte oben bleiben.

Manchmal, als sie nicht mehr so konnte, hat sie mir über den Betrieb geklagt, dass der Betrieb sie persönlich ausgenutzt hatte. Der hatte den größten Nutzen, und sie hatte den Schaden, weil sie von den Arbeitern immer angefeindet wurde. Sie hatte von der ganzen Sache kaum Vorteile gehabt. Sie war nur, wie sagt man so schön, Mittel zum Zweck. Der einzige, der viele, viele Vorteile und viel Gewinn davon hatte, das war der Betrieb. Der Betrieb wurde immer höher gehalten durch sie. Der kam immer höher. Wenn die dann gegangen sind, wir brauchen das oder das und das oder das, das ging eben mit ihrem Namen oft alles durch. Aber von ihrem, wo sie immer gesagt hatten, das oder das kriegt sie, hat sie auch nicht alles gekriegt. Viele Arbeiter haben gedacht, sie hätte sonst was gehabt. Sie hatte aber nichts. Arm geboren und arm gestorben. Sie hatte überhaupt nichts. Also ehrlich gesagt, mir tat sie leid.

GERHARD NEUMANN: Das kann man nicht anders sagen. Denn, ob es Geburtstag war, Weihnachten, Silvester – es kam ja keiner.

Nicht mal Betriebsdelegationen?

ANNA NEUMANN: Der Betrieb, ja.

GERHARD NEUMANN: Ja, doch. Die haben ihr ein paar Blumen gebracht und vielleicht ein Präsentkörbchen. Ein ganz kleiner Rahmen.

ANNA NEUMANN: In Fridas letzter Zeit waren sie immer froh, wenn sie wieder gehen konnten. Manchmal kam sie nachts und hat geklingelt: Helfen sie mir mal, meinen Mann zu tragen. Die konnte ja nicht mehr zufassen. Ich habe ihm immer Pfeffer gegeben. Aber es hat nicht lange genützt. Ich konnte ihm sagen, was ich wollte, irgendwie war er mir nie böse. Wir haben ja immer mit dem Dr. M. Anlauf nehmen wollen, dass die Tochter alle beide zu sich nimmt. Aber da war kein Weg. Sie wollte sie nicht haben.

War die Ursache vielleicht beim Vater zu finden? Hatte sie zu ihm womöglich eine starke Distanz über die Jahre aufgebaut?

ANNA NEUMANN: Ja, doch. Aber warum hat sie sich denn nicht einmal später im Krankenhaus bei der Mutter gezeigt? Zur Beerdigung war sie da. Aber nach ein, zwei Tagen war sie wieder verschwunden. Dann kam sie, glaube ich, noch mal zum Ausräumen.

GERHARD NEUMANN: Der Enkel war viel hier in den Ferien. Nur vom Erzählen weiß ich, dass er, als er noch jünger war, fast ständig hier gewesen ist.

ANNA NEUMANN: Weil sie ja in Russland war. Der war viel mit im Garten unten.

GERHARD NEUMANN: Die Leute haben das erzählt. Wir haben bloß gesehen, dass er in den Ferien bei Oma und Opa war. In ihren Enkel waren beide richtig vernarrt. Gerade bei seinem Großvater durfte er fast alles, weshalb er mit anderen Kindern auf jeden Fall geschimpft hätte. Das haben mir die anderen Leute im Garten erzählt, die ja das noch mehr mitbekamen.

ANNA NEUMANN: Der ist hier groß geworden. In der Schulzeit war er immer in den Ferien da.

GERHARD NEUMANN: Nachher, wo dann die Oma gestorben war, haben wir überhaupt keinen Kontakt mehr mit ihm gehabt.

Ich sehe mich wieder durch das Tor meines Patenbetriebes gehen, hinauf in das Hockauf-Kabinett. Ich sehe Fahnen, Bilder, Losungen: „Partei, Genossin, Aktivistin, Nacheifern, Vorbild, Stolz, Jugend, so sein wie sie ..." Jene zigmal gehörten Worte, die schon nicht mehr in die Zeit passten, als man damit begann, die menschlichen Züge Frida Hockaufs zum stellbaren Bild erstarren zu lassen. Jahrzehntelang konserviert, verliert es mit einem Mal seine Konturen und wird dennoch deutlicher. Ich sehe plötzlich die Fotos vor mir, das immer so mütterlich-freundliche Lächeln. Aus dem Schwarzweiß schimmern die kräftezehrend verborgen gehaltenen Farben eines ganz anderen Lebens. Ihr wirkliches Leben, von dem keiner der mit Disziplin auf Abstand Bedachten wusste, das wenige allenfalls geahnt haben.

---

* Namen auf Wunsch geändert, d.A.

... *mit Enkel Andrej im Garten 1966*

Nur noch einen lebenden direkten Nachkommen soll es geben. Ich entschließe mich zur Suche nach Frida Hockaufs Enkel. Keinerlei Anschrift ist bekannt. Ausgehend von ganz dürftigen Ansatzpunkten finde ich mit Unterstützung vieler hilfsbereiter Unbekannter, bei denen ich Verständnis wecken konnte, den Weg nach Leipzig, Vor- und Nachnamen am Telefon. Nur wenige Wochen müssen vergehen und Andrej Hockauf ist in Zittau. Seine Gesten und begrüßenden Worten lassen innere Anspannung erkennen, die auch in mir knochentief steckt. In wenigen Augenblicken werde ich ihn mit Dingen aus dem Leben seiner Großmutter konfrontieren müssen, von denen ich nicht sicher bin, ob er davon weiß. Der Mann hat Kindheitserinnerungen, zu denen ein Bild seiner Großeltern gehört, das er durch die Jahrzehnte getragen hat. Nichts davon möchte ich ihm nehmen. Das Gespräch vom 2. Februar 2005 im Wortlaut:

Wie alt sind Sie jetzt, Herr Hockauf?

ANDREJ HOCKAUF: Ich bin 43 Jahre, 1962 geboren. Die Oma ist 1974 gestorben. Ich habe sie also bis zum zwölften Lebensjahr erlebt.

Die Öffentlichkeit weiß, wer Sie sind?

ANDREJ HOCKAUF: Ich werde immer mal wieder darauf angesprochen. Gerade Leute in meinem Alter, die mit mir in der Schule gelernt haben, die wissen das oftmals noch. Es war zwar nicht viel, was damals im Geschichtsbuch stand, aber irgendwie ist der Name doch bei einigen hängen geblieben. Und noch ältere, die diese Zeit, diese Bewegung oder Initiative selbst erlebt haben, die fragen mich schon mal. Denen sage ich dann immer: Ja, das war meine Oma.

Der Name ist nicht oft anzutreffen. In einem konkreten Fall habe ich ihn aber auch schon einmal in unserer Region gehört. Gibt es nähere Verwandte?

ANDREJ HOCKAUF: Nein. Meine Mutter war ein Einzelkind von dem Alfred und der Frida Hockauf. Ich wiederum war auch ein Einzelkind. Deshalb gibt es aus dieser Richtung niemand weiteren. Höchstens weitläufig von meinem Opa, der den Namen in die Ehe mitgebracht hat.

Sind Sie hin und wieder in Zittau?

ANDREJ HOCKAUF: Zwei- oder dreimal in jedem Jahr.

Ist das vordergründig wegen der Grabpflege?
ANDREJ HOCKAUF: Nein. Die wird ja von einer Firma gemacht. Ich fahre eigentlich zu Anlässen hierher. Jetzt war beispielsweise gerade der Todestag von der Oma. Heute Nachmittag werde ich noch mal auf den Friedhof gehen. Außerdem bin ich einfach gern mal hier. Hier liegt ja doch irgendwie ein Stück Wurzel von mir. Auch wenn ich in Leipzig geboren wurde und dort die meiste Zeit verbracht habe, meine eigentlichen Wurzeln also dort sind, bin ich in den Ferien sehr oft hier gewesen.
Die Ferien welcher Jahreszeiten betraf das?
ANDREJ HOCKAUF: In den damals dreiwöchigen Winterferien ein bis zwei Wochen, in den Sommerferien vielleicht drei bis vier Wochen und dann noch zu Weihnachten. Solange beide Großeltern lebten, waren wir immer zu Weihnachten hier. Natürlich haben wir dann noch ein paar Tage drangehängt, meistens auch Silvester. Vielleicht waren wir auch mal zu Ostern hier oder wenn mal irgendwas außer der Reihe war.
Wann haben Sie Ihre Großmutter zum letzten Mal gesehen?
ANDREJ HOCKAUF: Das müsste 1973 gewesen sein. Das Bild habe ich noch. Das war so ein ziemlich enges Treppenhaus in der Rosa-Luxemburg-Straße. Wenn das Treppenhaus zu Ende war, ging es rechts in dieses Plumpsklo rein. Dann kam noch einmal eine Zwischentür, die war aber nicht verschlossen. Dann kam man in einen Flur, da ging rechts die Tür zu der Wohnung meiner Großeltern ab. Links war eine einzelne Wohnung, in der eine Frau lebte. Den Namen weiß ich nicht mehr, nur, dass sie eine Vertriebene oder, wie man auch sagte, Umsiedlerin, irgendwo aus Schlesien gewesen sein soll. Das letzte Bild, was ich von meiner Oma noch in Gedanken habe, ist, dass sie in diesem Vorflur an der Tür stand. Sie konnte nicht mehr die Treppen hinunter. Aber sie hat mich bis zu dieser Tür begleitet und mir noch einmal zugewinkt. Der Opa hat mich dann zum Bahnhof geschafft.
Meine Mutter ist noch ein paar Mal zu ihr nach Zittau gefahren. Sie hat sie gesehen, als sie im Krankenhaus an der Görlitzer Straße lag. Ich war aber nicht mit, sondern wurde bei Leipziger Bekannten meiner Mutter untergebracht. Und eines Tages war meine Oma gestorben.
Sind Sie bei der Umbenennung der Zittauer Ziegelstraße in Frida-Hockauf-Straße dabei gewesen?

Andrej Hockauf: Ja, daran erinnere ich mich.
Aber die Oma war dort nicht mehr dabei?
Andrej Hockauf: Da war sie nicht mehr dabei. Ich war aber mit meiner Mutter anwesend. Meine Mutter hat dort auch ein paar Worte gesagt. Das könnte 1974 gewesen sein. Wir waren dann öfter hier. Denn da waren Jahrestage, und irgendwann hatte, glaube ich, das Werk auch den Namen meiner Oma gekriegt. Ich weiß nicht mehr genau, wann das war. Ich war immer nur mit, weil meine Mutter eingeladen war.
Wann haben Sie den Großvater zuletzt gesehen?
Andrej Hockauf: Den habe ich '77, denke ich, das letzte Mal gesehen. Der war damals im Feierabendheim an der Weberkirche gewesen. Da war so ein Platz gegenüber. Dann ging das aber nicht mehr, die letzten Monate war er in dem Pflegeheim nahe dem Zittauer Weinaupark. Da habe ich ihn eigentlich regelmäßig besucht.
Was Reisen betrifft, war ich sehr zeitig selbständig. Ich bin im Alter, wo andere noch nicht einmal fahren durften, in Dresden schon allein umgestiegen. Meine Mutter war ja alleinstehend und konnte nicht so oft, ich war schon ein bisschen größer. Die letzten Jahre bin ich in den Ferien oft allein gefahren.
Ihre Mutter war beruflich sehr eingespannt?
Andrej Hockauf: Die hat in Leipzig am Institut für Lehrerbildung einige Jahre gearbeitet und ist später in die SED-Bezirksleitung delegiert, berufen worden oder wie auch immer.
Wie wurde das damalige Engagement Ihrer Oma in Ihrer Umgebung gewertet?
Andrej Hockauf: Ich selber habe seltenst oder eigentlich nie eine negative Wertung von jemandem gehört. Von den negativen Wertungen, die es zu jener Zeit bei einem Teil der Menschen gab, habe ich immer nur aus späteren Berichten und Reden auf Zittauer Festveranstaltungen erfahren. Demnach gab es sogar Anfeindungen. Das ging bis zu Morddrohungen. Das war ja eine schwierige Zeit, wo sie die Initiative gemacht hat, auch innenpolitisch in der DDR. Meine Mutti hat öfters davon erzählt. Deshalb ist das bei mir so hängen geblieben.
Wissen Sie von Werfen mit Steinen und Eiern in jenen Tagen?
Andrej Hockauf: Das ist mir nicht so berichtet worden.
Gegenwärtig gibt es keinerlei abfällige Bemerkungen?

ANDREJ HOCKAUF: Da hört man eigentlich eher Positives: Das ist jemand Bekanntes, eine Persönlichkeit... Zum Beispiel bin ich mal in Leipzig Karten vorbestellen gewesen. Da sagt man ja seinen Namen. Da war das eine Frau, die wahrscheinlich geschichtlich bewandert war und deshalb sehr gut Bescheid wusste. Die hat gleich ein großes Gespräch mit mir angefangen, hat mich richtig ausgefragt. Die Reaktionen sind eher interessiert und nicht negativ.

Anders war es meine Person betreffend. Ich habe es schon ein bisschen negativ empfunden, so eine berühmte Oma zu haben, speziell in meiner Schulzeit oder während der Lehre. Da wurde es einem immer wieder vorgehalten. Wenn man da mal etwas falsch gemacht hatte, hieß es gleich, wie kann man sich bei solch einer berühmten Oma denn nur so anstellen. Oder, wenn ich mal die Hausaufgaben vergessen hatte oder was auch immer: Wie kann man das nur machen! Mir war das schon lästig.

Hat man Sie seitens der Presse oder anderer Institutionen schon einmal befragt?

ANDREJ HOCKAUF: Nach der Wende war es ein einziges Mal, dass jemand da war. Das Haus der Geschichte der Bundesrepublik Deutschland oder so ähnlich hat in Bonn eine Ausstellung „Frauen in Ost und West" gemacht. Ich war da zur Eröffnung eingeladen. Die hatten das relativ gut dargestellt, diese verschiedenen Frauenbilder. In der DDR mehr die Frau, die im Produktionsprozess steht, und im westlichen Teil Deutschlands die Frau, die eben ihre Rolle in der Familie spielt und Karriere nur bedingt sieht. Diese Ausstellung ist dann noch einmal in Leipzig gezeigt worden, im Zeitgeschichtlichen Forum, einer Zweigstelle von diesem Haus der Geschichte.

Ist Ihnen etwas von einer Büste Ihrer Oma bekannt?

ANDREJ HOCKAUF: Ja. Ein Bildhauer hat die mal gemacht. Meine Oma war aber schon tot. Meine Mutter hatte relativ große Ähnlichkeit, da hat sie dann Modell gesessen. Der Bildhauer hatte sich zumindest Skizzen gemacht und hat sie mit Fotos verglichen.

Wie sind Ihnen Oma und Opa in Erinnerung geblieben? Gibt es Episoden, an die Sie sich erinnern? Vielleicht bei den Besuchen im Garten mit der großen Laube, die Ihre Oma anlässlich einer Auszeichnung erhalten haben soll?

ANDREJ HOCKAUF: Die Laube als Auszeichnung ist mir neu. Je-

denfalls war das für damalige Verhältnisse ein Riesending. Natürlich war ich noch relativ klein, da erscheint einem jedes Gebäude viel größer. Ich erinnere mich aber gut: Da war eine richtige Veranda vorn dran, verglast, drinnen ein großer Raum. Da hatte mein Opa so einen Kanonenofen stehen. Den konnte man im Winter heizen. Im Garten bin ich oft gewesen.
Ich kann mich auch noch an die Zeiten erinnern, wo ich in den Kindergarten ging, also vielleicht so mit fünf oder sechs Jahren. Da war die Oma noch ein bisschen rüstiger. Wir haben zumindest im Sommer sehr viel Zeit im Garten verbracht. Ab und zu sind wir mal ins Gebirge gefahren zusammen, also meine Großeltern, meine Mutter und ich oder ich eben nur mit den Großeltern, mal Pilze suchen und so. Da ging es meiner Oma noch besser. Mit den Jahren wurde das immer schlechter. Sie ist kaum noch aus dem Haus gegangen. Wenn ich dann in den Ferien da war, war ich meistens mit dem Großvater allein unterwegs im Garten oder wir gingen mal in die Stadt, vormittags oder so. Also, das höre ich zum ersten Mal, dass die Laube ein Geschenk infolge irgendeiner Auszeichnung gewesen sein soll.

Sie waren noch Kind.

ANDREJ HOCKAUF: Ich habe da nie groß was mitbekommen. Ich weiß nur noch, mein Opa hat sich im fortgeschrittenen Alter nicht gerade viele Freunde gemacht.

Er soll anderen gegenüber sehr raubeinig gewesen sein. Aber über Sie soll er seine Hände gehalten haben. Bei ihm hätten Sie Dinge gedurft, die er bei anderen nicht hätte durchgehen lassen.

ANDREJ HOCKAUF: Wenn mein Opa nachmittags um vier zum Kaffeetrinken nach Hause wollte, durfte ich noch allein im Garten bleiben und dann nachkommen. Dann musste ich aber genau um sechs zu Hause sein. Wenn ich fünf Minuten zu spät kam, wurde geschimpft. Die hatten da ein ganz strenges Regime. Es waren ja nun beide Rentner. Da gab es Punkt um acht Frühstück, zwölf Uhr Mittagessen und achtzehn Uhr gab es Abendbrot. Die Zeiten mussten eingehalten werden. Aber ich weiß auch, dass mein Opa immer recht stolz auf mich war. Einmal hatte ich Ärger mit anderen Kindern in der Nähe der Gartenanlage. Die wollten mich verprügeln oder so etwas. Jedenfalls war es ein ganz harter Streit. Da stand mein Opa auf einmal da. Einen Holzknüppel hatte er in der Hand gehabt und kam aus dem Garten raus. Da sind die anderen stiften gegangen. Naja, das hätte vielleicht jeder Vater oder Großvater gemacht.

Ich weiß noch, dass er sich gern mit den Leuten anlegte. Oder anders: Er hat nicht gut über die Nachbarn, die damals noch im Berufsleben standen, gesprochen. Da war einmal ein Gartennachbar, der hatte einen Trabant. Und eines Tages kam der mal, um sich eine Leiter zu borgen, was ja eigentlich normal ist unter Gartennachbarn. Da hat mein Opa geschimpft, so nach dem Motto: Groß ein Auto fahren, aber sich nicht einmal eine Leiter leisten können. Die Leiter hat er ihm nicht gegeben. Solche Sachen sind mir auch in Erinnerung.

Er war „Verfolgter des Naziregimes"?

ANDREJ HOCKAUF: Ja. Er hat beide Weltkriege mitgemacht. Während der Nazis hat er ein Jahr lang in Bautzen gesessen. Er war in der SPD, hatte sozialdemokratische Wurzeln, und hatte wohl zu Beginn der Nazizeit mehrfach versucht, irgendwelche Parteidokumente und sowas über die Grüne Grenze in die Tschechei zu schmuggeln. Die sollten einer Exil-Parteiorganisation übergeben werden oder wie auch immer. Da hätten die Grenzer angefangen, mit ihren Karabinern zu schießen, aber er, der ja im Ersten Weltkrieg war, hätte gewusst, dass sie nachladen müssten und wäre im Zickzack an sie heran. Deshalb wäre er entkommen. Darüber hat er ein paar Mal so ein bisschen erzählt. So etwas interessiert einen Jungen ja schließlich. Er hat auch erzählt, dass er zwar das eine Jahr in Bautzen saß, aber irgendwelche Genossen von ihm, die auch dort waren und wohl hingerichtet wurden, hätten eben keine Details über ihn gesagt. Denn dann hätte man ihn noch härter ranbekommen können. Mein Opa war dadurch vielleicht ein bisschen hart geworden, zum Beispiel auch sein Verhältnis zur Kirche. Man muss ja nicht an Gott glauben, aber er hatte ein recht feindseliges Verhältnis zur Kirche. Für den war jedes Gotteshaus ein „Vaterunser-Schuppen". Kann aber auch sein, dass das mit Erfahrungen aus seiner Kindheit und Jugend zusammenhängt. Seine Mutter oder Großmutter muss sehr gläubig gewesen sein, hat wohl ihr letztes Hemd in die Kirche geschafft, hat er erzählt. Als sie gestorben war, kam da kaum etwas von der Kirche rüber. Wahrscheinlich hängt das aber auch mit der Generation zusammen, die schon den Ersten Weltkrieg mitgemacht hat. Mein Opa hat mir das auch einmal so gesagt. Die deutschen Soldaten sind dahin gezogen im Namen Gottes, und die Franzosen waren genauso. Von daher hatte er eine ziemliche Abneigung gegen die Kirche.

War er nach dem Bautzener Jahr im antifaschistischen Widerstand?
ANDREJ HOCKAUF: Er hat illegal gearbeitet. Aber es wird nicht so eine große Widerstandsgruppe gewesen sein wie das die bekannteren in Deutschland waren. Als noch Frieden war in der Nazizeit, bekam er deshalb keine Arbeit.
Welchen Beruf hatte er ursprünglich gelernt?
ANDREJ HOCKAUF: Er war Weber. Er hat in Zittau Weber gelernt und als solcher auch dort gearbeitet.
War er auch im Zweiten Weltkrieg Soldat?
ANDREJ HOCKAUF: Politisch bedingt wurde er zunächst nicht genommen. Später haben sie meinen Großvater irgendwann eingezogen. Das muss relativ kurz gewesen sein. Er war in russischer Kriegsgefangenschaft, ist aber früh zurückgekehrt, vielleicht ein, zwei Jahre muss das gewesen sein. Andere waren ja wesentlich länger in Gefangenschaft Er hat einmal gesagt, dass es da eine russische Ärztin gab. Sie habe ihm dazu verholfen, zeitig entlassen zu werden.
Ist er dann gleich darauf zur Kriminalpolizei gegangen?
ANDREJ HOCKAUF: Ich weiß nicht, wie der Werdegang im Detail war. Er hatte schon vor dem Krieg das Hobby Fotografie. Er hat selber Bilder entwickelt und so. In Zittau suchte man einen Kriminaltechniker. Dazu kam, dass er sofort nach dem Krieg wieder in der Sozialdemokratischen Partei war. Aus der ist er ja nicht ausgetreten. Und schließlich war er noch Antifaschist, auf jeden Fall, was ja gefragt war. Da er gut fotografieren konnte, haben sie ihn genommen. Damals war Kriminaltechniker nicht wie heute, wo ein ganzes Kommando anrückt. Mein Opa musste die Fingerabdrücke nehmen, die Fotos machen und die Spuren sichern. Da waren wohl ein oder zwei Kriminaltechniker im ganzen Kreis Zittau. Die wurden zu jedem Verkehrsunfall, zu jedem Einbruch, zu jedem Mord oder Selbstmord oder was da sonst so an Straftaten war, geholt. Das war für ihn natürlich nicht immer einfach.
Er soll auch in Sabotagefällen ermittelt haben, die aufgrund der Aktivistenbewegung im Textilbetrieb Ihrer Großmutter vorkamen.
ANDREJ HOCKAUF: Ich weiß zwar, dass da etwas war, aber Genaues kenne ich nicht.
Hat Ihre Oma über die Initiative gesprochen?

Andrej Hockauf: Sie hat selber nicht viel erzählt.

Was haben Sie aus diesem Zusammenhang heraus mitbekommen?

Andrej Hockauf: Sie war öfters mal zu irgendwelchen Treffen oder wohin sie nun gerade eingeladen wurde, jedenfalls solange sie noch konnte. Eines Tages waren mal irgendwelche Kinder und Jugendliche bei ihr zu Hause und haben sich mit ihr unterhalten, wahrscheinlich Pioniere oder FDJ-ler. Da war ich noch etwas kleiner. Ich habe das mitgekriegt, aber für mich war das nicht so eine wichtige Sache. Man hatte ja Ferien.

Was glauben Sie, wer die mit Ihrer Großmutter in Verbindung stehende Aktivistenbewegung ausgelöst hatte? Kamen die Worte „So wie wir heute arbeiten, werden wir morgen leben" von ihr?

Andrej Hockauf: Ich habe immer nur gehört, dass der Spruch von ihr ist, dass sie ihn so oder ähnlich gesagt hat. Ich denke auch, so wie ich es gehört habe, dass die ganze Initiative, mehr zu produzieren, auch wirklich von ihr kam. Bestimmt ist die von ihr gekommen. Das war einfach eine persönliche Verpflichtung von ihr, natürlich nicht mit dem Hintergrund, dass daraus so eine große Bewegung werden sollte. Einfach aus ihrer ganz persönlichen Vergangenheit und der damaligen Situation heraus, dass es in den Läden nichts zu kaufen gab. Da steckt doch Logik dahinter: Wenn jeder sich nur ein bisschen mehr anstrengt und mehr Waren herstellt, gibt es auch mehr zu kaufen. Also, ich habe es nicht anders gehört als dass der Spruch von ihr gewesen ist. Von dieser Logik her kann ich mir das bei ihr auch gut vorstellen.

Wie fühlte sie sich in dieser großen Wettbewerbskampagne? Es wird gesagt, dass sie damit nicht glücklich gewesen sein soll, dass ihr das zu schaffen gemacht hätte.

Andrej Hockauf: Ich kann mir nicht vorstellen, dass sie glücklich war. So hoch- und rausgehoben und dann noch in die Volkskammer gewählt zu werden, war nicht ihr Ding. Ich habe nie das Gefühl gehabt, dass sie irgendwie privilegiert gewesen ist oder Privilegien genoss, wie das bei anderen Leuten der Fall war. Deswegen war ich auch vorhin erstaunt über die Laube als Auszeichnung. Ich weiß nicht, wie das zusammengehangen haben könnte.

Meine Mutter hat ja im Parteiapparat gearbeitet und genauso niemals irgendwelche Vorteile bewusst angenommen. Sie hat sich da eigentlich immer sehr zurückgehalten, jetzt mal abgesehen von Vorteilen wie einem relativ guten Verdienst und so, was sie freilich ganz automatisch hatte. Ich habe auch andere Leute erlebt, die sich dann Datschen gebaut haben. Wenn ich an die Wohnung meiner Großmutter in der Rosa-Luxemburg-Straße denke... Wenn ich mir das heute so überlege ... Ich meine, damals war das normal. Die Wohnung war ja noch mit Trockentoilette auf der anderen Seite des Treppenhauses. Freilich habe ich das damals so hingenommen. An den Geruch hatte man sich auch gewöhnt. Da gab es natürlich kein warmes Wasser. Wenn gebadet wurde sonnabends, wurde in einem großen Topf das Wasser auf dem Herd heiß gemacht und in eine Zinkwanne gegossen. Darin haben dann alle gebadet. Da gab es bestimmt welche, die mittlerweile besser gewohnt haben. Es wurde ja überall neu gebaut.

Wie es heißt, wollten Ihre Großeltern nicht aus der Mansardenwohnung. Ein Angebot, eine Etage tiefer wohnen zu können, sollen sie ausgeschlagen haben.

ANDREJ HOCKAUF: Davon habe ich zwar nichts gehört, aber das könnte durchaus stimmen.

Als ich das letzte Mal hier war, im Oktober oder so, da bin ich mal in den Innenhof der Rosa-Luxemburg-Straße gegangen. Damals war da die Niederlage der Landskron-Brauerei. Da weiß ich auch noch eine Geschichte: Für mich als Kind war Alkohol, speziell auch Bier, immer was Schlimmes. Den Leuten, die Bier gebraut und verkauft haben, habe ich natürlich immer die Schuld an dem ganzen Dilemma meines Opas gegeben. Aber andererseits war ich fasziniert von dem Betrieb. Die haben da den Hänger mit vollen Bierkästen in den Hof geschoben, die wurden abgeladen, dort in einem Verschlag eingelagert. Dann kamen die Autos, die ausgeliefert hatten. Die leeren Kästen wurden auf den Hänger geladen. Wenn der mit Kästen voll war, ist der wieder weggefahren. Das habe ich damals nachgespielt mit kleinen Holzautos und Holzklötzchen, das waren dann die Bierkästen.

Das muss sehr eng gewesen sein in der schmalen Einfahrt für die damaligen Skoda-Lastkraftwagen.

ANDREJ HOCKAUF: Genau. In dem Hof war rechts unten so ein Verschlag. Den nannte mein Opa immer Schuppen. Er hatte also einen Keller und diesen Schuppen. Die Kohlen waren da drin und ein SR1, so ein Moped. Das hatte er noch die erste Zeit. Vor dem

Schuppen war eine Öffnung für die Jauchegrube, wo die ganzen Abfälle aus den Plumpsklos reingeflogen sind. Einmal im Monat oder so kam ein Auto und da wurde das ausgepumpt. Man hatte sich daran gewöhnt. Heute würde man sich davor unheimlich ekeln.

So habe ich meine Oma und meinen Opa erlebt. Sie lebten nicht überzogen, hatten niemals nach einer Komfortwohnung gestrebt oder einem Häuschen, wie vielleicht andere. Das wäre denen niemals in den Sinn gekommen.

Sind Sie in einem Plattenneubau groß geworden?

ANDREJ HOCKAUF: Wir sind gerade in der Zeit, wo meine Oma gestorben war, in einen Neubau gekommen. Bis dahin wohnten wir in einer Leipziger Altbauwohnung. Mit Innen-WC war sie zwar ein bisschen komfortabler, aber mit ihren hohen Räumen war sie im Winter auch sehr kalt. Sie ließ sich schlecht beheizen, und es mussten Kohlen geschleppt werden. Ich glaube, Anfang '74 haben wir eine Neubauwohnung gekriegt. Bis dahin war in Leipzig wieder eines der großen Neubaugebiete hochgezogen worden.

Und ein Auto?

ANDREJ HOCKAUF: Die Großeltern hatten kein Auto. Mein Opa hatte eher auf die Autofahrer geschimpft. Er meinte, die gäben das letzte Hemd fürs Auto aus.

Ich möchte noch einmal auf das persönliche Befinden Ihrer Großmutter zurückkommen. Sie soll ausgenutzt worden sein, heißt es. Bei Veranstaltungen soll sie regelrecht vorgeführt worden sein. Das habe sie gerade in ihren letzten Lebensjahren belastet. Können Sie das aus Ihrem Erleben während Ihrer Ferienbesuche bestätigen?

ANDREJ HOCKAUF: Kann durchaus sein. Aber wie das nun einmal eine Großmutter macht: Sie will ja nicht unbedingt ihr Enkelkind mit irgendwelchen negativen Sachen belasten. Auch während ihrer Krankheit wollte sie mir so etwas sicherlich nicht zu Ohren kommen lassen. Klar, ich habe mir nicht alles gemerkt, was damals so in Gesprächen geredet wurde. Die Sachen über ihre Initiative habe ich eigentlich auch erst im Nachhinein aus den Veranstaltungen, die da immer so liefen, gehört. Das war natürlich die Interpretation meiner Mutter, also das, was in ihren Reden gesagt wurde. Ich würde auch denken, wenn meine Großmutter gewusst hätte, was das einmal für Ausmaße annimmt, hätte sie das niemals gemacht. Aber das konnte keiner wissen. Das ist doch heute genauso: Da will beispielsweise keiner den Elternsprecher der Klasse machen. Einer erklärt sich dann doch bereit, und etwas später ist er gleich der Elternsprecher der ganzen Schule.

Ihre Großmutter soll immer in ihrer blauen Kittelschürze in den Konsum gegenüber ihrer Wohnung gegangen sein, sich genauso angestellt haben wie alle anderen.

ANDREJ HOCKAUF: Ja, so war sie. Meine Mutter hatte mir irgendwann später erzählt, dass sie sich in Zittau – und da gab es ja noch schwerer etwas als in Leipzig – nach Bananen oder Apfelsinen angestellt habe. Die hätte sie dann in ein Paket gepackt und uns nach Leipzig geschickt, damit ihr Enkelkind auch mal Bananen oder Apfelsinen bekommen konnte. Meine Mutter hatte, zumindest zu diesem Zeitpunkt, nicht die Zeit sich anzustellen, und wenn sie abends von der Arbeit kam, hatte sie auch nichts mehr gekriegt. Also stellte sich eben meine Oma oder auch mal der Opa an. Dann wurde ihr mal etwas von ihrem Arzt verordnet. Ich weiß nicht, ob das mit ihrer Diabetes oder etwas anderem zusammenhing. Sie sollte wohl ab und zu Bananen essen. Da kriegte sie vom Arzt einen Schein, mit dem sie bevorzugt wurde oder ein Kilo mehr kaufen konnte. Die hat sie aber nicht selber gegessen, sondern nach Leipzig geschickt.

Gab es eine Distanz zwischen Großeltern und Tochter?

ANDREJ HOCKAUF: Ich denke, meine Großeltern haben ihre Tochter geliebt. Sie war ja ihre einzige Tochter. Es wird ihnen bestimmt sehr schwer gefallen sein, als sie von zu Hause wegging. Nach dem Krieg arbeitete sie zuerst an einer Schule in Olbersdorf als Neulehrerin. Dann ist sie irgendwann nach Dresden als Lehrerin und weiter nach Leipzig. Ich denke schon, dass es meinen Großeltern schwer gefallen ist, ihre Tochter ziehen zu lassen, auf die sie große Stücke gehalten haben.
Ich weiß noch... Das wird vielleicht so etwas wie ein Privileg – ich weiß nicht, ob man das so nennen kann – gewesen sein: Für meine Oma als Volkskammerabgeordnete bot sich einmal eine Möglichkeit, mit meinem Opa eine Reise in die Sowjetunion zu machen. Das war im Rahmen einer Volkskammerdelegation. Zu der Zeit studierte meine Mutter in Leningrad. Es ging nicht so sehr darum, einfach mal in die so fortschrittlich dastehende Sowjetunion zu fahren. Das war nicht das Wichtige an der Reise.

Es ging darum, einmal die Tochter besuchen zu können, denn sie konnte ja damals vielleicht nur ein- oder zweimal im Jahr nach Hause fahren während des Studiums. Das war ja ein bisschen anders als das vielleicht heutzutage ist. Das ist mir noch so in Erinnerung aus Erzählungen meiner Mutter. Sie hat aber auch erzählt, dass es eigentlich das erste und einzige Mal war, wo meine Oma einen Vorteil hatte. Die Reise war bestimmt für viele in der Zeit ein Traum.

Ich habe von gesundheitlichen Problemen des Großvaters erfahren.

ANDREJ HOCKAUF: Der ist ja immerhin 77 Jahre alt geworden. Nach allem, was er so erlitten hat... Der hatte wohl im Ersten Weltkrieg eine Gasvergiftung und damit im Zusammenhang stehend eine Schwerhörigkeit. Er war ziemlich schwerhörig. Daher stammte vielleicht auch ein bisschen diese Isoliertheit und Abgeklärtheit gegenüber den Leuten, weil er normalen Gesprächen eben schlecht folgen konnte. Und dann hat er in späteren Jahren auch mal einen zu viel getrunken. Das ist mir schon als Kind aufgefallen.

Er war deshalb auch in der Klinik gewesen.

ANDREJ HOCKAUF: Ja. In Großschweidnitz war er mal.

Parallel mit der Oma soll das gewesen sein, dann zuletzt.

ANDREJ HOCKAUF: Das könnte ich mir vorstellen, ja.

Ihr soll das zu schaffen gemacht haben. Sie kam manchmal nicht allein klar mit ihm.

ANDREJ HOCKAUF: Ja. Das ist aber ganz normal in einer Beziehung, wenn einer trinkt. Ich kenne mich in der Problematik mittlerweile ein bisschen besser aus, wie das ist, wenn einer diese Abhängigkeit besitzt und der andere dadurch auch leidet. Wie gesagt, meine Oma hat versucht, auch das möglichst vor mir zu verbergen. Mir ist da noch ein Ausspruch von ihr im Kopf: „Na, wenigstens versuchst du dich noch ein bisschen zusammenzureissen, wenn der Junge da ist." Aber ich denke schon, dass es an anderen Tagen schlimm war.

Das war ein Faktor, der sehr negativ auf sie eingewirkt haben muss. Denn es gab ja noch ihre Rolle, die sie hatte, wo auf sie zurückgegriffen wurde. Und dann zusätzlich dieses private Umfeld.

ANDREJ HOCKAUF: Ich denke, dass diese Probleme ihrem öffentlichen Umfeld nicht verborgen geblieben sind. Das kriegen doch die Leute mit. Es waren, meine ich, wirklich die letzten Jahre, wo das mit meinem Opa schlimmer geworden war. Man sollte nicht außer Acht lassen, dass beide damals über 50 Jahre miteinander verheiratet waren, also schon ihre Goldene Hochzeit hatten. Das ist doch etwas, wo man den Hut zieht. Wenn zwei Menschen zusammen alt werden und ihr Leben lang durch dick und dünn gehen, da sollte man das, was die letzten Jahre vielleicht gewesen ist und was sich dann so geäußert hat, nicht so in den Vordergrund stellen. Meine Oma stammte aus Reichenau, also Schlesien, was heute in Polen liegt, und hat dann irgendwo, wahrscheinlich durch die Weberei, meinen Opa kennengelernt. Die beiden haben wohl 1923 geheiratet und 1925 ist meine Mutter geboren worden, ihre einzige Tochter. So eine Weberfamilie, die hatte echt nicht viel. Denen ging es nicht so gut, gerade so in der ganzen Zeit der Weltwirtschaftskrise. Und dann war mein Opa politisch aktiv. Wenn man von den Nazis verfolgt wurde, hatte man es bestimmt nicht leicht. Meine Großmutter hat sich auch nicht so angepasst, hat versucht, der nationalsozialistischen Massenbewegung doch irgendwie aus dem Weg zu gehen. Und dann die Kriegsjahre, Kriegsgefangenschaft. Gut, das haben viele Familien durchgemacht. In der Beziehung hatte die Oma natürlich Glück, dass ihr Mann wiedergekommen ist. Also, die haben bestimmt viele schwere Zeiten durch. Mir ist nie zu Ohren gekommen, dass mein Opa jemals irgendwo was mit anderen Frauen gehabt hätte. Er muss eigentlich wirklich ein guter Mann gewesen sein. Bis eben auf die letzten Jahre, wo das mit dem Alkohol schlimmer wurde. Das macht jeder Beziehung zu schaffen. Da leidet der Partner immer sehr darunter. Das würde ich aber nicht so in den Vordergrund stellen wollen. Sie hat darunter gelitten die letzten Jahre, ohne Zweifel. Sie haben bestimmt versucht, das vor mir zu verbergen. Aber ich habe das voll mitgekriegt und habe selber darunter gelitten.

Waren beide in der SED gewesen?

ANDREJ HOCKAUF: Sie waren beide in der SED. Ich weiß aber nicht genau, wann meine Oma eingetreten ist. Mein Opa war ja schon seit was weiß ich in der SPD. Mit der Vereinigung von KPD und SPD war man ja dann automatisch in der SED, wenn man da nicht gerade ausgetreten ist. Aus seinen Erzählungen weiß ich, dass er einer derjenigen war, die den Zusammenschluss befürwortet und vorangetrieben haben. Ich würde denken, dass viele aus dem sozialdemokratischen Widerstand das gemacht haben, einfach aufgrund der Erfahrungen, die sie in der Geschichte gemacht haben, wohin so eine Zwietracht unter den Arbeiterparteien führte, als sie es nicht fertig brachten, sich zusammenzuraufen, um gegen diese braune Gefahr vorzugehen. Schon aus dieser Erfahrung heraus erschien den einfachen Parteimitgliedern dieser Zusammenschluss bestimmt irgendwo logisch. Dass es dann mehr in die stalinistische Richtung ging, hatte bestimmt keiner von den einfachen SPD- und auch KPD-Mitgliedern gewollt, denke ich. Da hat mir mein Opa vieles erzählt, was ich ganz toll fand. Da war mal so eine Versammlung im Volkshaus in der Gaststätte, eine Parteiversammlung der SPD. Draußen sind die Nazis vorbeigezogen und haben sie mit Biergläsern beworfen. Das war eben damals der Umgangston. Er hat mir auch von der Gedenktafel erzählt an der einen Gaststätte beim Zittauer Marstall, an der Ecke gegenüber der Sparkasse („Sächsischer Hof" oder „Neustadtküche", d. A.). Dort soll ein Arbeiter von den Nazis umgebracht worden sein. Die Tafel hat er mir damals auch gezeigt. Und dann gibt es ja noch dieses Denkmal an der Ecke vom „Stadt Görlitz" mit dem Spruch „Den Toten zur Ehre, den Lebenden zur Lehre". Da hat mein Opa immer erzählt, dass er dort mitgewirkt hat an dem Denkmal. Der Spruch ist nicht von ihm, aber er hat ihn zumindest vorgeschlagen. Daraufhin hat man ihn dann genommen.

Ist es bei ihm vielleicht am Ende zum 'inneren Widerspruch' gekommen? Die Entwicklung verlief ja dann doch anders.

ANDREJ HOCKAUF: Ich würde sagen, um die siebziger Jahre war die Entwicklung ja nicht so abzusehen. Gerade Ende der sechziger, Anfang der siebziger Jahre sah das mit der Sozialpolitik so schlecht nicht aus, würde ich heute einschätzen.

Beide waren also für die Ideale der DDR eingestellt, auch zu Hause?

ANDREJ HOCKAUF: Ja, beide voll und ganz.

Wurde da überhaupt auch mal etwas kritisch gesehen? Ihre Oma soll oftmals das gesagt haben, was ihr vorgegeben worden war, und das soll sie überhaupt nicht gemocht haben. Bei Kindern und Jugendlichen in Klassenräumen hätte sie sich besonders wohl gefühlt, weil dieser Zwang dort nicht so bestanden haben soll.

ANDREJ HOCKAUF: Ja. Dort konnte sie reden, wie ihr der Schnabel gewachsen war. Ich denke schon, dass ihr manches an diesen of-

fiziellen Dingen, wie das gelaufen ist, oder an Funktionären, abgehoben wie manche vielleicht schon auf Kreisebene waren, nicht so zugesagt haben wird.
Ich weiß nicht, was sie sonst noch so für Funktionen hatte. Sie war im DFD, also dem Demokratischen Frauenbund Deutschlands.

In der Gewerkschaftsleitung des Betriebes war sie verankert.

ANDREJ HOCKAUF: Ja gut, da hat sie mir nicht allzu viel erzählt. Ich kenne sie eben wirklich als Oma. Mir sind ganz andere Dinge haften geblieben. Zum Beispiel gab es, wenn ich kam, Pflaumenklöße. Das waren Klöße mit einer Pflaume drin. In Leipzig gab es so etwas nicht. Das war eher etwas Typisches für hier. Sie hat auch immer schöne Obsttorten gemacht, aus Erdbeeren in der Erdbeerzeit oder dann Pfirsichtorten. Wir hatten einen Pfirsichbaum im Garten und der hatte immer so drei bis vier Früchte dran. Da hat sie eben eine Pfirsichtorte gemacht, wenn ich kam.
Früher hat sich Opa um den Garten gekümmert und war da immer hinterher. Da waren das Erdbeeren! Und einen Haufen Blumen hatte der, Dahlien und alles mögliche. Es gab auch ein Gewächshaus, ein Folienzelt, wo er Gurken gezogen hat. So ein richtiger Kleingärtner mit Leib und Seele. Aber dann, bedingt durch das Alter und vielleicht auch den Alkohol, ist das ins Hintertreffen geraten. Um den Garten haben sich Leute gekümmert, als es beiden nicht mehr möglich war. Später haben sie ihnen den Garten abgekauft. Solche Dinge sind mir viel mehr in Erinnerung geblieben.

Sind darunter noch andere Erlebnisse, die auch wichtig für das Bild ihrer Oma sind?

ANDREJ HOCKAUF: Ich habe auch mitgekriegt, dass es ihr sehr schlecht ging. Sie hatte immer viele Schmerztabletten und Medikamente genommen. Es gab so einen eigenartigen Geruch, den ich nicht deuten konnte. Das waren irgendwelche Rheumasalben, mit denen sie sich eingerieben hat.

Sie war Perückenträgerin?

ANDREJ HOCKAUF: Ja. Das war krankheitsbedingt, dass sie keine Haare mehr hatte. Ich kenne sie, glaube ich, gar nicht anders. Ich weiß nicht, woran das genau lag. Und wie gesagt, sie war auch herzkrank.
Viele Handarbeiten hat sie gemacht, wie jede Oma. Gehäkelt vor

allen Dingen, Topflappen, und ich nehme auch an, Baby- oder Kindersachen. Aber das merkt man sich nicht so.
Haben Sie noch Erinnerungsstücke von Ihrer Oma oder Ihrem Opa?
ANDREJ HOCKAUF: Ein Meißner Service habe ich noch. Das sind Mokkatassen mit kleinen Rosen als Dekor. Das hat sie mal von Wilhelm Pieck geschenkt gekriegt.
Sie sagten, dass der Großvater viel und gern fotografiert habe. Gibt es da noch Fotos?
ANDREJ HOCKAUF: Ich habe noch einige. Bloß, dass die alle in Schachteln liegen und hinten nichts draufsteht. Ich kann dadurch nicht alle zuordnen. Es gibt auch Bilder, wo sie mit Grotewohl und auch mit Wilhelm Pieck drauf ist. Aber es steht garantiert nicht hinten, wo und wann das war. Das ist ein bisschen schlecht.
Es gibt natürlich genauso private Bilder. Die habe ich mir ewig nicht mehr angeguckt. Die hatte meine Mutter aufgehoben. Als meine Mutter gestorben war, habe ich den Haushalt aufgelöst und die Bilder, die sie schon alle in Kartons hatte, in zwei Koffer gepackt und mitgenommen. Wahrscheinlich stehen die noch so. Ich habe sie jedenfalls nie groß gesichtet.
Können Sie sich noch an die Beerdigung erinnern?
ANDREJ HOCKAUF: Es war auf jeden Fall eine große Trauerfeier in irgendeinem Werk, in einem großen Kulturraum oder Speisesaal, auf jeden Fall in einem offiziellen Raum. Wir waren nicht im Familienkreis in irgendeiner Gaststätte, sondern es hatte wirklich diesen offiziellen Rahmen.
Vielleicht in ihrem ehemaligen Werk? Wäre das möglich?
ANDREJ HOCKAUF: Das ist durchaus denkbar.
Betrieb und Familie gedachten zusammen, richtig groß.
ANDREJ HOCKAUF: Ja, das war öffentlich. Von der Beerdigung habe ich wenig mitbekommen. Aber von der Trauerfeier weiß ich noch, weil es der erste tote Mensch war, den ich gesehen habe. Die Oma war aufgebahrt, man konnte sie ansehen.
Hat der Betrieb nach dem Tod ihrer Großmutter Verbindung zu Ihrer Mutter gehalten?
ANDREJ HOCKAUF: Die hatten auf jeden Fall Verbindung zur Mutter. Die haben sie, wenn irgendetwas war, eingeladen, ich glaube, auch zur Einweihung dieser Büste. Dann war die

Namensgebung der Straße und noch einmal was mit einer Namensgebung vom Werk oder einem Jubiläum dieser Initiative. Das könnte '83 gewesen sein. Ich bin mehrmals mit meiner Mutter in Zittau gewesen.
Meine Mutter war eigentlich meistens nicht gut auf die SED-Kreisleitung zu sprechen. Ich weiß aber nicht mehr genau, in welchem Zusammenhang. Sie war ja im Parteiapparat. Es kann also nicht die Abneigung gewesen sein, die vielleicht manch anderer hatte. Also wirklich von der Arbeit heraus.

Wie hat denn Ihr Opa den Tod seiner Frau aufgenommen?
ANDREJ HOCKAUF: Da brach für ihn eine Welt zusammen. Wenn du 50 Jahre zusammen warst, durch dick und dünn gegangen bist... Wahrscheinlich merkt man das nicht so, was man dem Partner mitunter antut. Er hat das auch nicht so registriert, dass sie doch die letzten Jahre ganz schön gelitten hatte unter ihm. Er hat sich dann wirklich vollkommen gehen lassen. Er war zwar in Großschweidnitz, hat aber bis zum Schluss getrunken. Es war nicht so, dass die Therapie etwas gebracht hatte. Er war mal in Leipzig. Meine Mutter hatte da natürlich auch auf ihn eingewirkt, dass er keinen Alkohol oder Bier anrühren soll. Er hat dann aber, wahrscheinlich als Ausgleich, von irgendwelchen Schlaftabletten zu viele genommen. Wir mussten dann zum Arzt, weil es eben eine Überdosis war.

Hätte es geholfen, wenn Ihre Mutter die Eltern nach Leipzig geholt hätte? Wollte sie das vielleicht nicht?
ANDREJ HOCKAUF: Meine Mutter war ja arbeitsmäßig sehr eingebunden. Ich glaube auch nicht, dass die beiden aus Zittau weg gewollt hätten. Das kann ich mir eigentlich nicht vorstellen. Auf den Gedanken wäre meine Mutter nicht gekommen. Die waren so verwurzelt hier und hätten nicht Fuß gefasst in Leipzig. In dem Alter hätten sie sich auch keinen neuen Kleingarten in Leipzig zugelegt. Also, Herkommen wäre absolut keine Möglichkeit gewesen, im Gegenteil. Selbst meiner Mutter hatte den Wunsch, hier beerdigt zu werden. Sie war sehr verbunden mit der Stadt Zittau. Die letzten Jahre, bevor sie gestorben ist, hat sie immer gesagt, ich solle dafür sorgen, dass sie bei ihren Eltern beigesetzt wird.

Er wolle einmal in den Foto-Koffern nachsehen, verspricht der Enkel der Aktivistin zum Abschied. Tage später bekomme ich

Post. Ich mustere die vor mir liegenden Aufnahmen. Ihre Sprache ist eine vollkommen andere. Die Grautöne der schwarzweißen Zeitzeugnisse lösen zusätzlich auf. Sie vermögen Arbeit, Wettbewerbsinitiative, dazu installierte Bühnen samt Kulissen, innere Widersprüche und persönliches Leid wärmend beiseite zu schieben. Ich finde eine Natürlichkeit ausstrahlende Frau als Mutter und immer noch unvergessen gebliebene fürsorgliche Oma in ganz alltäglichen Momenten, wie es sie in tausenden Haushalten jener Zeit gegeben hat.

Ich habe das aus meiner Kinder- und Jugendzeit stammende Bild von der Aktivistin korrigieren können. Ein Urteil? Eine schmeichelnde Verführung, die in allen Zeiten Gast ist.

Irgendwann mache ich mich auf den Weg zu dem ehemaligen Garten der Hockaufs. Ein frühsommerliches Blütenmeer erstreckt sich leuchtend bis über die schmalen Pfade zwischen den Beeten. Die Schlichtheit der Laube hat sich über die Jahrzehnte in modernen Materialien verloren. Suchend sehe ich mich nach dem Schauplatz des Fotos um, das Oma und Enkel am Gartentisch unendlich glücklich zeigt. Ich kann die Stelle nicht mehr ausfindig machen.

Der Gartenbesitzer nimmt mich vorsichtig zur Seite. Seine Frau sei sehr krank, macht er mit getuschelten Worten deutlich. Für einen Moment ringt er mit den Tränen. Wir gehen zum Ausgang. Also dann, danke und bis zum nächsten Mal, wünsche ich ihm und weiß, dass alles offen ist.

Ein Interview

MIT FACHLEUTEN GESPROCHEN

Interview mit Genossin Frida Hockauf

So, wie wir heute arbeiten, werden wir morgen leben - eine Losung, die auch nach fast zwei Jahrzehnten nach ihre volle Gültigkeit hat. Es war eine einfache Weberin, die sie als Erste aussprach und nach ihr handelte: Frida Hockauf. Für uns war der 25. Jahrestag der Vereinigung von SPD und KPD der Anlaß, dieser verdienstvollen Aktivistin der Leichtindustrie einen Besuch abzustatten und sie um ein Interview zu bitten. Gastfreundlich wurden wir empfangen, an einem Tag, der für diese verdienstvolle Genossin große Bedeutung hatte, der Tag, an dem sie ihr neues Parteidokument erhielt.

Sicher kennen nicht nur die älteren Leser unserer Zeitschrift den Namen *Frida Hockauf*, auch den jüngeren Lesern ist die Tat dieser Zittauer Weberin und die Bewegung, die daraufhin die gesamte DDR erfaßte und auch ein internationales Echo fand, in bester Erinnerung. Im vierten Quartal 1953 verpflichtete sich *Frida Hockauf*, 45 m Gewebe bester Qualität zusätzlich zu weben. Aus diesen 45 m wurden über 20.000 m Gewebe, denn allein in der damaligen Mechanischen Weberei, Zittau, verpflichteten sich 18 Brigaden, diesem Beispiel zu folgen. Aber nicht nur in der Texlilindustrie, auch in vielen anderen Industriezweigen der DDR verpflichteten sich die Werktätigen, ihre Leistungen zu steigern. Frida Hockauf gab den Anstoß zu einer Bewegung, die unsere Republik erheblich ökonomisch stärkte.

Der 25. Jahrestag der SED ist der richtige Zeitpunkt, um dieser bescheidenen und bewußten Arbeiterin für ihr verdienstvolles Wirken noch einmal zu danken.

DTT: Sie sind seit 25 Jahren Mitglied der SED?

Genossin Hockauf: Ja, das stimmt. Ich bin 1946 in die SPD eingetreten und habe selbst im Zittauer Stadttheater an der Vereinigung der Ortsgruppen der KPD und SPD in Zittau teilgenommen.

DTT: Gibt es in Ihrem Leben ein tiefgreifendes Ereignis, das Ihnen Anlaß zu dieser Entscheidung für die Partei der Arbeiterklasse gab?

Genossin Hockauf: Die bitteren Erfahrungen und Erkenntnisse, vor und während der Naziherrschaft, zeigten mir, daß es nur gemeinsam mit den fortschrittlichen Kräften der Arbeiterklasse möglich ist, zu einem besseren Leben zu gelangen. Nur unter Führung einer einheitlichen starken Arbeiterpartei können die Werktätigen dieses Ziel verwirklichen.

Bereits mein Vater stand auf der „schwarzen Liste" der Unternehmer und war oft arbeitslos. Auch mein Mann wurde in der Zeit der Naziherrschaft in Deutschland verhaftet, weil er antifaschistische Flugblätter transportierte. Meine Entscheidung war damals klar: Ich gehörte in die Reihen einer Arbeiterpartei.

DTT: Welche wichtigen Stationen der persönlichen und beruflichen Entwicklung in diesen 25 Jahren sind Ihnen als bedeutungsvoll in Erinnerung geblieben?

Genossin Hockauf: Ich arbeitete zuerst als Weberin und später als Wettbewerbssachbearbeiterin im Werk VI des VEB Textilkombinat, Zittau.

Von den vielen Erlebnissen, die ich während der letzten 25 Jahre hatte, möchte ich nur einige hervorheben. Besonders beeindruckt hat mich stets die Anteilnahme, die unsere sowjetischen Freunde an dem Fortgang meiner Verpflichtung nahmen. Ihre herzliche Freundschaft habe ich nicht nur während meiner Reise mit einer Gewerkschaftsdelegation 1954 in die Sowjetunion gespürt, sondern einer der ersten Gratulanten nach Erfüllung meiner Verpflichtung war der sowjetische Stadtkommandant von Zittau.

Besonders wertvoll für mich war es auch, daß sich damals meine Brigade meiner Initiative anschloß und daß wir gemeinsam, auch mit dem Meister unseres Bereiches, viele Schwierigkeiten überwanden.

Tief berührt hat mich immer wieder die große Anteilnahme und das Interesse, das mir führende Genossen aus Partei und Regierung entgegenbrachten. Ich spürte, daß die DDR ein wahrer Staat der Arbeiter und Bauern ist. Nicht zuletzt kommt diese Tatsache ja darin zum Ausdruck, daß ich als einfache Weberin in die Oberste Volksvertretung der DDR gewählt wurde.

DTT: Ihr Vorbild gab 1953 vielen Arbeitern Anstoß zu einer neuen Qualität des Denkens. Hatten Sie von vornherein damit gerechnet, daß aus Ihrem Beispiel eine die gesamte DDR umfassende Bewegung entwickeln würde?

Genossin Hockauf: Mein Ziel war es zunächst, dazu beizutragen, die Plan- und Produktionsschulden des Betriebes zu verringern. Das brachte ich auch damals auf der Gewerkschaftsaktivtagung zum Ausdruck, auf der ich meine Verpflichtung abgab. Ich hatte nicht damit gerechnet, daß mein Ausspruch und mein Handeln ein derartiges Echo finden würden.

DTT: Daß eine Frau Vorbild und Bahnbrecher für das sozialistische Arbeiten wurde — kennzeichnet diese Tatsache nicht die qualitativ neue Stellung der Frau in einem Arbeiter-und-Bauern-Staat?

Genossin Hockauf: Mit der Gründung der DDR wurde meiner Ansicht nach der Grundstein für die neue Stellung der Frau in einem Arbeiter-und-Bauern-Staat gelegt. Die Frauen haben in der DDR alle Möglichkeiten zum Lernen, Studieren und Mitbestimmen. Bei meinen Begegnungen mit führenden Genossen unserer Partei habe ich immer gespürt, welche Achtung die Frau in der DDR genießt.

Deutsch Textiltechnik 21 (1971) Heft 4   201

Die Zeitschrift „Deutsche Textiltechnik" (Leipzig) veröffentlichte im Heft 4 des Jahrgangs 1971 in der Rubrik „Mit Fachleuten gesprochen" dieses Interview mit Frida Hockauf:

So, wie wir heute arbeiten, werden wir morgen leben – eine Losung, die auch nach fast zwei Jahrzehnten noch ihre volle Gültigkeit hat. Es war eine einfache Weberin, die sie als Erste aussprach und nach ihr handelte: Frida Hockauf. Für uns war der 25. Jahrestag der Vereinigung von SPD und KPD der Anlass, dieser verdienstvollen Aktivistin der Leichtindustrie einen Besuch abzustatten und sie um ein Interview zu bitten. Gastfreundlich wurden wir empfangen, an einem Tag, der für diese verdienstvolle Genossin große Bedeutung hatte, der Tag, an dem sie ihr neues Parteidokument erhielt.

Sicher kennen nicht nur die älteren Leser unserer Zeitschrift den Namen Frida Hockauf, auch den jüngeren Lesern ist die Tat dieser Zittauer Weberin und die Bewegung, die daraufhin die gesamte DDR erfasste und auch ein internationales Echo fand, in bester Erinnerung. Im vierten Quartal 1953 verpflichtete sich Frida Hockauf, 45 m Gewebe bester Qualität zusätzlich zu weben. Aus diesen 45 m wurden über 20.000 m Gewebe, denn allein in der damaligen Mechanischen Weberei Zittau verpflichteten sich 18 Brigaden, diesem Beispiel zu folgen. Aber nicht nur in der Textilindustrie, auch in vielen anderen Industriezweigen der DDR verpflichteten sich die Werktätigen, ihre Leistungen zu steigern. Frida Hockauf gab den Anstoß zu einer Bewegung, die unsere Republik erheblich ökonomisch stärkte. Der 25. Jahrestag der SED ist der richtige Zeitpunkt, um dieser bescheidenen und bewussten Arbeiterin für ihr verdienstvolles Wirken noch einmal zu danken.

DTT: Sie sind seit 25 Jahren Mitglied der SED?
GENOSSIN HOCKAUF: Ja, das stimmt. Ich bin 1946 in die SPD eingetreten und habe selbst im Zittauer Stadttheater an der Vereinigung der Ortsgruppen der KPD und SPD in Zittau teilgenommen.

DTT: Gibt es in Ihrem Leben ein tiefgreifendes Ereignis, das Ihnen Anlass zu dieser Entscheidung für die Partei der Arbeiterklasse gab?
GENOSSIN HOCKAUF: Die bitteren Erfahrungen und Erkenntnisse, vor und während der Naziherrschaft, zeigten mir, dass es nur

gemeinsam mit den fortschrittlichen Kräften der Arbeiterklasse möglich ist, zu einem besseren Leben zu gelangen. Nur unter Führung einer einheitlichen starken Arbeiterpartei können die Werktätigen dieses Ziel verwirklichen.

Bereits mein Vater stand auf der „schwarzen Liste" der Unternehmer und war oft arbeitslos. Auch mein Mann wurde in der Zeit der Naziherrschaft in Deutschland verhaftet, weil er antifaschistische Flugblätter transportierte. Meine Entscheidung war damals klar: Ich gehörte in die Reihen einer Arbeiterpartei.

DTT: Welche wichtigen Stationen der persönlichen und beruflichen Entwicklung in diesen 25 Jahren sind Ihnen als bedeutungsvoll in Erinnerung geblieben?

GENOSSIN HOCKAUF: Ich arbeitete zuerst als Weberin und später als Wettbewerbssachbearbeiterin im Werk VI des VEB Textilkombinat Zittau.

Von den vielen Erlebnissen, die ich während der letzten 25 Jahre hatte, möchte ich nur einige hervorheben. Besonders beeindruckt hat mich stets die Anteilnahme, die unsere sowjetischen Freunde an dem Fortgang meiner Verpflichtung nahmen. Ihre herzliche Freundschaft habe ich nicht nur während meiner Reise mit einer Gewerkschaftsdelegation 1954 in die Sowjetunion gespürt, sondern einer der ersten Gratulanten nach Erfüllung meiner Verpflichtung war der sowjetische Stadtkommandant von Zittau.

Besonders wertvoll für mich war es auch, dass sich damals meine Brigade meiner Initiative anschloss und dass wir gemeinsam, auch mit dem Meister unseres Bereiches, viele Schwierigkeiten überwanden.

Tief berührt hat mich immer wieder die große Anteilnahme und das Interesse, das mir führende Genossen aus Partei und Regierung entgegenbrachten. Ich spürte, dass die DDR ein wahrer Staat der Arbeiter und Bauern ist. Nicht zuletzt kommt diese Tatsache ja darin zum Ausdruck, dass ich als einfache Weberin in die oberste Volksvertretung der DDR gewählt wurde.

DTT: Ihr Vorbild gab 1953 vielen Arbeitern Anstoß zu einer neuen Qualität des Denkens. Hatten Sie von vornherein damit gerechnet, dass sich aus Ihrem Beispiel eine, die gesamte DDR umfassende Bewegung entwickeln würde?

GENOSSIN HOCKKAUF: Mein Ziel war es zunächst, dazu beizutragen, die Plan- und Produktionsschulden des Betriebes zu verringern. Das brachte ich auch damals auf der Gewerkschaftsaktivtagung zum Ausdruck, auf der ich meine Verpflichtung abgab. Ich hatte nicht damit gerechnet, dass mein Ausspruch und mein Handeln ein derartiges Echo finden würden.

DTT: Dass eine Frau Vorbild und Bahnbrecher für das sozialistische Arbeiten wurde – kennzeichnet diese Tatsache nicht die qualitativ neue Stellung der Frau in einem Arbeiter-und-Bauern-Staat?

GENOSSIN HOCKAUF: Mit der Gründung der DDR wurde meiner Ansicht nach der Grundstein für die neue Stellung der Frau in einem Arbeiter-und-Bauern-Staat gelegt. Die Frauen haben in der DDR alle Möglichkeiten zum Lernen, Studieren und Mitbestimmen. Bei meinen Begegnungen mit führenden Genossen unserer Partei habe ich immer gespürt, welche Achtung die Frau in der DDR genießt.

DTT: Sie besitzen reiche Erfahrungen auf fachlichem und politisch-ideologischem Gebiet. Was geben sie jungen Textilarbeitern aus Ihrer persönlichen Sicht für die nächsten Jahre mit auf den Weg?

GENOSSIN HOCKAUF: Ich möchte nicht nur die jungen Textilarbeiter, sondern die gesamte Jugend unseres Staates ansprechen. Unsere Jugend soll sich den Ausspruch Lenins: „Lernen, lernen und nochmals lernen" zu eigen machen und alle Möglichkeiten nutzen, die ihr durch unseren Staat geboten werden. Unsere Jugend muss sich ein Wissen aneignen, das sie befähigt, die neue Technik in der Produktion voll zu beherrschen und einmal in die Lage versetzt, führende Positionen in Staat und Wirtschaft einzunehmen. Unsere Jugendlichen müssen das von uns begonnene Werk fortsetzen und Voraussetzungen dafür schaffen, dass es die nachfolgende Generation vollenden kann.

DTT: Als Sie 1954 in die Volkskammer der DDR gewählt wurden, sagten Sie gegenüber dem Genossen Grotewohl bescheiden: „Ich bin doch nur ein kleines Rädchen." Ministerpräsident Otto Grotewohl erwiderte darauf: „Was wäre die DDR ohne die vielen kleinen Rädchen".
Wenn wir heute zurückblicken, dann können wir feststellen, dass das „kleine Rädchen" einen großen Motor in Bewegung gebracht hat.
Wir möchten Ihnen, verehrte Genossin Hockauf, für dieses Interview herzlich danken. Für die nächsten Lebensjahre wünschen wir Ihnen vor allem Gesundheit und Wohlergehen.

Danksagung

Den zahlreichen Gesprächspartnern, die mit Erinnerungen und Dokumenten zu diesem Buch beigetragen haben, danke ich herzlich, ganz besonders aber Andrej Hockauf (Leipzig), Dietrich Thümmler (Zittau), Anna und Gerhard Neumann (Zittau), Christa und Günther Thimmig (Zittau), Martha Kunert (Oybin), Werner Frieser (Bertsdorf), Heinz Müller (Zittau), Angela und Dietmar Tietze (Zittau), Friedrich Hirte (Olbersdorf), Waldemar Zumpe (Zittau), Erika Friedel (Olbersdorf), Iris Knischka (Zittau), Karl-Heinz Roth (Zittau)
Während der Arbeiten an diesem Buch erfuhr ich vom Tod Werner Friesers. Ihm und allen anderen soll hier ein Andenken an ihr Leben in jener Zeit gegeben sein.

Der Autor

Torsten Töpler, Jahrgang 1968, geboren in Seifhennersdorf, lebt im Oberlausitzer Dreiländereck. Der freie Autor, gelernter Kraftfahrer, mittlerweile Übersetzer historischer Handschriften und Fremdenführer, arbeitet für regionale Medien vor allem zu zeitgeschichtlichen Themen.

Bildnachweis
Sammlungen Dietrich Thümmler (37), Andreji Hockauf (34/2,41,51,57,63,75, Umschlag: Frida und Alfred Hockauf um 1967), Torsten Töpler (34/1,45,47)